我们一起解决问题

拆解一切考试

廖　恒◎著

人民邮电出版社

北　京

图书在版编目（CIP）数据

拆解一切考试 / 廖恒著. -- 北京 : 人民邮电出版社, 2024. -- ISBN 978-7-115-65088-7

Ⅰ. G424.74

中国国家版本馆 CIP 数据核字第 2024JD1459 号

内 容 提 要

这是一本专门教你考高分的书。当你看完本书后，你将会变成一个"会考试"的人，不仅能在以后的考试中轻松考出高分，而且能赢得人生的高分。

本书的核心内容分为两部分。第一部分是"拆解一切考试"，让你明白考试的底层逻辑，知道考试是怎么运行的。具体而言，第一部分包括第 1 章~第 3 章，从出题人、阅卷人和考生三个角色出发，拆解每个角色是怎样行动的，他们要遵守哪些规则和运行逻辑，具体要做哪些事情，行事的前后流程又是什么。第二部分是带你实战考高分，包括第 4 章和第 5 章。其中，第 4 章介绍了从作者采访研究的 100 多位清华、北大"学霸"备考方法中总结出来的科学有效的"极简考试法"；第 5 章总结了很多清华、北大"学霸"突击考试拿高分的方法，可操作性很强且有效。总之，本书不仅能帮助你在人生的各种考试中拿高分，更能帮助你赢得理想人生。

如果你是中小学生，本书能帮助你在将要参加的各种考试中拿下高分，尤其是帮助你在关乎自己人生命运的中考、高考中拿下高分；如果你是需要参加考试的成年人，本书也能够帮助你在未来人生的各种考试中拿下高分，如考研究生、考公务员，以及各种考级、考证、笔试、面试等。

◆ 著　廖 恒
　　责任编辑　张国才
　　责任印制　彭志环

◆ 人民邮电出版社出版发行　　北京市丰台区成寿寺路 11 号
　　邮编 100164　　电子邮件 315@ptpress.com.cn
　　网址 https://www.ptpress.com.cn
　　涿州市殷润文化传播有限公司印刷

◆ 开本：787×1092　1/32
　　印张：7　　　　　　　　　　　　2024 年 8 月第 1 版
　　字数：100 千字　　　　　　　2025 年 11 月河北第 6 次印刷

定　价：49.80 元

读者服务热线：（010）81055656　印装质量热线：（010）81055316
反盗版热线：（010）81055315

前言

这个世界一直在公开奖励会考试的人

这是一本专门教你考高分的书。

当你看完本书后，你将会变成一个"会考试"的人，不仅能在以后的考试中轻松考出高分，而且能赢得人生的高分。

为什么这本书如此神奇呢？那就让我带你认识这本书吧！

关于本书的作者

让高考生的成绩一个月涨 50 分，我为什么只需要打一个电话就可以？

我是本书作者廖恒。作为一名教育行业的从业者，我有一项能力：我只需要打一个电话，就能让高考生的成绩在一个月内提高 50～100 分（有时候，我也会失手，因为被指导的学生不按照我的意见执行，这个我就无能为力了）。

你是不是觉得不可思议？毕竟这提分的速度太快了，很多学生高考后复读一年还不一定能提高 50 分。

对于这样的提分速度，其实最初我自己也不敢相信，直到真实的案例一次又一次摆在我眼前。在我以前的认知里，高考前最后一个月提高 60 分已经是提分的极限了。2023 年，我指导湖南的一位艺考生备战高考。当时离高考仅剩下最后 30 天，他的平时成绩是四百零几分。我和这位学生通电话，花了大约 30 分钟给他做高考指导。后来在高考前，我们也没有再联系。高考成绩公布，他考了 490 多分，整整提高了 90 多分。作为艺考生，他的文化成绩超过了一本线。他考进了北京的一所大学，特别兴奋。

说真的，这位考生在高考前最后一个月提高 90 多分，远远超出了我原有的认知。后来，我发现自己指导的高考生，很多都是一个月提高 50 分、60 分，甚至更多，而且不同分段的考生都有。于是，我也就相信了自己真的可以做到一个电话让高考生的成绩在一个月内提高 50 ~ 100 分。

那么，我这一个 30 分钟的电话到底干了什么呢？其实，我只做了两件特别简单的事。第一件事是告诉学生高考的底层逻辑，让学生知道高考是怎么运作的，要做到哪些关键事项才能考出更高的分数；第二件事是根据每个学生当下的情况，精确地告诉他们接下来要做的事，提高哪几项考试能力，从而考出高分。

我在这个电话中并没有直接教孩子多少具体的学科知识，更多是告诉他们怎样考试，让他"会考试"。所以，一个月提高 50～100 分，这不是学习学科知识带来的结果，而是学会考试带来的结果。我经常给家长和学生讲，在掌握的知识不变的情况下，"会不会考试"能让分数有大约 40% 的上下浮动。如果你不懂考试、不会考试，考试时你的水平或许只能发挥出 80%，也就是比你的真实水平低 20%。而如果你懂考试、会考试，那么你就不仅能完全发挥出来，甚至可以超常发挥，比你本身的知识水平高 20%。这样不会考试时分数少 20%，会考试时分数高 20%，就是大约 40% 的分差。

后来，我在指导学生高考时还发现了一个有趣的现象，就是他们从第二个月开始，提分的速度会比第一个月低。我分析发现，因为当学生已经会考试后，接下来的提高更多是知识提升带来的，而这要花更多时间才能完成，提分速度自然就没有第一个月快了。

✂ 关于本书的由来

我花 5 年多时间追踪研究了 100 多位清华、北大"学霸"，让考试高手教你考高分。

你是不是很好奇，为什么我能有"一个电话让高考生成绩提高 50 ～ 100 分"的能力？

其实，这也是本书的由来。从 2019 年开始，至今 5 年多，我一直在做关于清华、北大"学霸"的研究，追踪采访了 100 多位清华、北大的"学霸"。我一直认为，能考上清华、北大的人，都是在中国拿到最好学习和考试结果的人，一定程度上体现了中国学生的顶尖水准。

所以，我对清华、北大"学霸"的研究，核心聚焦在他们怎么学习及怎么考试。在怎么学习这个方向，2022 年我把采访的 100 多位清华、北大"学霸"的学习方法总结成了《极简学习法》这本书。该书上市即火爆，成为百万册销量的畅销书。而你现在看到的这本《拆解一切考试》，就是我对清华、北大"学霸"怎么考试的研究成果。本书是告诉你怎么考试，刚好与《极简学习法》呼应，成为姊妹篇。《极简学习法》是让你"会学习"，这是输入；《拆解一切考试》是让你"会考试"，这是输出。两本书结合在一起，让你真正成为一个既会学习又会考试的人。

所以，这本《拆解一切考试》虽然是由我写作，但本质上是由上百位清华、北大"学霸"手把手让你明白考试的底层逻辑，手把手教你在考试中考出高分。

✏️ 关于本书的内容

拆解一切考试中的"三角关系"，让你从根上明白考试的底层逻辑；总结"极简考试法"，带你实战考高分。

本书的核心内容分为两大部分。

第一大部分就是"拆解一切考试"，让你明白考试的底层逻辑，知道考试是怎么运行的。

任何一场考试中都有三个不可或缺的角色，那就是出题人、阅卷人和考生。出题人负责出题，考生负责答题，阅卷人负责评分，这三个角色构成了任何考试中都有的底层三角关系。

作为考生的你，如果知道出题人会怎样出题、出哪些题，那么你就能很大程度地预测出最终的考题是哪些。另外，如果你清楚阅卷人怎样对你的答卷进行评分，那么你自然就能在考试中写出高分答案。这听起来是不是很诱人？！

所以，本书第一大部分就从考试的底层三角关系出发，分3章，每章一个角色，事无巨细地给你拆解每个角色是怎样行动的，他们要遵守哪些规则和运行逻辑，具体要做哪些事情，行事的前后流程又是什么。看完这3章，你就会彻底明白一切考试的底层逻辑，还能对考试的运行流程及细节有高颗粒度的了解。

了解这些后，你就会发现所有考试都像透明的，毫无秘密可言，一切考试对你来说都像"开卷考试"。因为你已经提前预知了考题，而且知道这些考题的标准答案。参加考试的你在考场上就像做填空题一样，把标准答案一个一个地填到对应的位置。

在拆解完考试的底层三角关系后，本书就直接带你实战考高分了，这是本书的第二大部分。其中，第4章介绍了我从采访研究的100多位清华、北大"学霸"备考方法中总结出来的科学有效的"极简考试法"，简单三步，稳扎稳打，让你稳拿高分；第5章则告诉你如何在备考时间有限的情况下突击考试拿高分，很多清华、北大"学霸"也会靠突击拿下考试，这一章就是他们突击考试拿高分的方法总结，可操作性很强且有效。

以上就是全书的内容。特别说明一点，我除了追踪研究清华、北大"学霸"以外，还采访了多位大型考试的出题人和阅卷人。他们因为身份特殊，一般极少露面，而且很少向外界分享信息。所以，本书的出题人和阅卷人部分有很多一手细节，会让你对出题人和阅卷人的工作有更直接的认知。这是其他书里没有的。

本书的价值

不仅能帮助你在人生的各种考试中拿高分，更能帮助你赢得理想人生。

看到这里，本书的价值肯定不言而喻了，那就是让你在人生的各种考试中考出高分。

对于中小学生来说，本书能直接帮助你在将要参加的各种考试中拿下高分，尤其是帮助你在关乎自己人生命运的中考、高考中拿下高分。

对于成年人，本书自然也能够帮助你在未来人生的各种考试中拿下高分，如考研究生、考公务员，以及各种考级、考证、笔试、面试等。

不过，帮助你考高分只是本书的第一层价值。本书还有第二层价值，那就是帮助你在人生中拿高分，因为这个世界一直在公开奖励会考试的人。具体而言，有三层原因，或者说三大表现。

第一，你作为学生，考高分就意味着上名校，上名校就意味着你大概率会有更好的人生。

关于这一点，我相信无须过多解释。

第二，你在人生未来的更多考试中拿高分，自然也更容易赢得人生。

考研究生、考公务员、考级、考证，以及找工作时的笔试、面试，你在这些考试中拿到高分，就能站上更高的舞台，获得比别人更多的机会，让自己的人生有更多可能性。

第三，人生处处是你看不到的考试，会考试的人总是在赢。

除了你能看得见的考试，人生还有很多你看不见的"隐形考试"，人生的成功更是由这一次次的"隐形考试"串联而成。

我有一位北大毕业的朋友，她和她的北大同学开了一家广告公司。公司除了他们两人，还有两位员工。只有他们4人的小公司，服务的却都是世界500强的客户，而且竞标从来没有输过。我问她为什么？她说竞标本质上就是一场"隐形考试"，项目招标书是考题，你的方案就是你的答卷，竞标提案的评标人就是考官，也就是阅卷人，只要你把这个关系搞清楚，竞标成功就太容易了。她说："毕竟我们当年考上的是北大，我们太擅长考试了。"

我这位北大毕业的朋友因为会考试，总是能在竞标提案时拿出更符合竞标要求的方案，竞标从未失手，把4人的小公司经营得风生水起，这就是"会考试"给他们带来的奖赏。

每个人的人生都有太多自己没有意识到的"隐形考试"。例如，你和领导的某一次聊天，其实是领导在考察你这个人；你对客户的某一次上门拜访，其实是客户对你综合能力的考核；你和自己的对象去见其父母，也是其父母对你的考试。我们每个人都是社会的产物，我们的工作和生活都处在各种社会关系中，我们不可避免地会获得别人对自己客观或不客观的评价，也就是"打分"。所以，一个懂考试、会考试的人很擅长让别人给自己打出高分。一次高分可能不会决定一个人的人生，但持续多次的高分累积肯定会让一个人收获更成功的人生，拿到自己人生的高分。这就是本书能给你带来的、更深远的人生价值。

最后，我非常高兴，你能看完这篇有点长的前言。我想，能坚持看到这里，你已经做好了在自己人生的各种考试中拿下高分的准备。那么，就请你继续翻开下一页，收获你的理想人生吧！

廖 恒

2024 年 7 月于北京

目录
CONTENTS

第 2 章

阅卷人：考卷上的分数是如何打出来的

第4章

极简考试法：简单三步，考试稳拿高分

第 1 章

出题人：
考卷上的考题是如何出炉的

你有没有思考过，"出题人"是怎样把一道道考题设计出来的？而整套试卷又是怎样出炉的呢？他们是根据个人的喜好出题，还是在按照一定的规则办事？如果你明白了出题人到底是怎样工作的，你就相当于进入了考试的幕后，自然就会明白应该怎么做，才能更好地解答试卷上的考题。

真实的出题过程：
出题人严格按规定办事

在这部分，我们先还原一下"真实的考试出题过程"。我们先"潜入"出题组内部，看看出题老师都是谁，他们又是怎样工作的。

谁是出题人

到底哪些人是出题人？他们为什么能成为出题人呢？从多数考试来看，出题人一般由三类人员组成。

（1）职业出题人

很多大型的标准性考试每年举办一次，或者一年举办几次，而每次考试都需要出题。也就是说，一年就需要出一次甚至几次。从频率和确定性的角度，"出题"就是一项常规的工作，因此会有一些人的工作就是"出题"。

例如，大学英语四六级考试一年举办两次，那么大学英语四六级考试的组委会中就会有固定的工作人员，他们的工作就是负责组织命题，编写考卷。而作为同一个考试，他们自然也需要根据每次考试的情况，不断完善和优化出题的流程、体系及资料库，以便让考题更科学、更严谨。

一般情况下，考试组委会中负责出题的工作人员不会直接命题，他们更多是组织相关的老师来出题。所以，虽然职业出题人不出题，但他们的身份其实是非常重要的，他们才是正题的组织者、把控全貌的人。

不过，必须说明一点，对于一些重大考试，组委会也有职业出题人，虽然他们可能是临时进入出题组的，但他们平时的工作就与出题有关。例如，中小学的教育体系里就有一个工作岗位叫"教研员"，他们的工作除了负责字面意义的"研究怎么教学"，指导自己所负责范围内的一线教师进行科学教学，还包括负责考试的出题，这是一项非常重要的工作。

不同的考试会有不同的情况，但是任何一个标准性的考试都会有一批专门负责出题或组织出题的人员。他们是考试官方专门负责此事的人，也是出题人中非常重要的一个部分，更多地扮演着组织者的角色。

（2）高位专家

那么，真正出题的具体动作到底是由谁来完成呢？高位专家是很常见的一种出题人。

因为按照目前考试的发展，为了保证考试的公正性，通常情况下会尽量避免出题人和考生有直接的关联关系。因此，官方的出题组工作人员邀请的出题人，很多都是高位专家。这些高位专家和考生没有直接的关联，但是他们的水平又高于考生，也知道通过考试选拔什么人才。

以高考为例，除了职业出题人之外，其中核心的出题人就是大学老师。因为大学老师对于高考考生来说属于更高位的专家，专业水平更高一个层次。而且，他们知道要为大学选拔什么人才，又和高考考生没有直接的联系，自然就是非常合适的人选。

其实，在 2003 年以后，有几年的高考出题是下放到各省进行的。虽然各省也会邀请当地大学的老师进行出题，尤其是师范大学的老师，但因为当地师范大学不可避免和省内一线高中老师有着千丝万缕的联系，所以尽管是高位专家，出题的客观性仍难以做到完全没有倾向性。因此，现在的高考出题基本都是由国家统一负责，而核心的出题人员都是大学老师。

（3）一线老师

那么，出题是否能够完全由高位专家完成呢？其实也是不可以的。毕竟高位专家没有长时间直接接触考生，也会对考生的能力水平甚至心理存在把握不太准确的情况。

因此，在出题老师中，通常会有少量具备非常丰富的一线教学经验的老师，这样他们就会和高位专家形成平衡。例如，高考的出题老师中也会有部分高中的一线老师。

不过，被选中的老师都必须避嫌。例如，不能有在教高三的老师，也不能有自己的亲友参加高考。

其实，这些被选中进入出题组的一线老师除了出题工作，还会承担一项工作——评题，就是评估设计出来的考题是否适合考生。因为他们了解考生，这是他们的一个重要优势。

看过以上三类出题人，大家也明白了，其实任何一个出题组都不是由单一性质的出题人构成，考试组委会要尽量考虑到多个方面，保证出题的科学性，真正保证考试的公正性和严谨性。

"出好自己的题"就行

出题老师在被选定后，自然就会像很多人已经了解的那样，被封闭在一个地方。所有的出题老师都在这里面，工作就是出题。

那么，在这个封闭的空间里，出题老师每天的具体工作都是哪些呢？他们怎么吃，怎么住？能带一些什么？能看一些什么？能不能带手机，能不能用电脑？在这部分，我们来具体拆解。

第一，可以带的有限资料。

出题老师在被选中时，通常的情况大多是这样：他可能会接到一个电话，要求马上或者在某天到哪里报道，之后就进组开始进行封闭出题。

（1）可以带教材、考纲

因为出题通常需要很长一段时间，所以出题老师在进组时一般会被要求只带上一些换洗的衣服即可，除了教材和考纲这两项资料，不允许带任何自己的东西。教材是考生学习的课本，也是出题的蓝本。考纲是考试的纲领要求，清楚地说明了考试的考核标准、考核方式等，也是指导出题的官方文件。当然，这两项资料通常也不需要出题老师自己带，因为出题组都会提供。

所以，出题老师在进组封闭出题时，其实真的就是只带自己换洗的衣服。

（2）手机、电脑能不能带

现在大家都手机不离手，离开电脑也没有办法工作，这怎么办呢？

　　出题老师是可以带手机进组的，但是进组后就要上交。只有在必须使用手机的时候，并且确保不泄密的情况下，出题老师可以给家里人或者确实需要联系的人打个电话。通常在出题老师打电话时，都会有工作人员在旁边监督。

　　至于电脑，一般都是不用带了。因为虽然出题需要使用电脑进行工作，但是出题组会提供专门的电脑，出题老师不需要使用自己的电脑。

（3）什么都不能带，那基于什么出题

　　什么都不能带，那出题老师怎么出题呢？毕竟出题老师在出题时还需要一些参考材料进行启发，也需要了解曾经的考题，等等。现在给很多考试出题时都需要文本材料，比如语文的阅读文本。理科类考试也会基于现实情况进行考核，这都需要参考

材料。

其实，对于这一点，大家完全不用担心。因为出题老师并不是完全凭空想象地设计考题，他们可以通过官方准备的工作电脑查阅内部网络，而内部网络就提供了设计考题需要的参考材料。也就是说，出题组会有专门的内网资料库，出题老师们可以在其中查阅和引用相关材料。

所以，这样既做到了统一管理和保密，也保证了设计考题不是闭门造车。

第二，只知道自己出的题。

那么，出题老师是一起出题吗？还是独自出题？准确地说，其实是两者兼顾的模式。不过，在真正出题时有一个基本原则，那就是"没有一位出题老师知道全局"。

　　一般在进入出题组后，不同的出题老师都会拿到自己的出题任务。也就是大家处于分工出题的状态，不同的出题老师会设计不同的考题。以大家都容易理解的语文考试题为例，A 出题老师可能是设计文言文阅读题，而 B 出题老师可能就是被安排设计作文题。当然，为了保证出题老师不是孤军奋战，并且能够相互启发，共同商议设计出更好的考题，通常情况下，不同的题型会由不同的出题小组负责设计，整个出题小组一起工作。例如，文言文阅读题由一个出题小组负责设计，这个出题小组有一位组长和几位出题老师；作文题由一个出题小组负责设计，这个小组也是同样的人员设置。

　　不管是出题小组，还是单个的出题老师，就是不同考题的出题老师都不在一起工作，也不用管别人的事情，每一位出题老师设计好自己负责的考题即可。例如，文言文阅读题的出题老师设计好自己负责的考题就行，他是不可能知道负责作文题的出题老师设计了什么考题。

大家各自设计好考题并提交后，自己的工作基本就完成了。通常情况下，一位出题老师虽然被要求设计某一道题，但是组委会都会要求多设计几道题。这里除了有备卷的需求之外，根本原因就是要设计更多的考题供最终组卷的出题组领导进行选择和组合。

所以，这样的出题人员和流程设计就保证了任何一个出题老师都不可能知道整张试卷的全貌，他只知道自己设计的题目。而且，他也不知道自己设计的题目提交后是否会被最终选中。这样就大大杜绝了考题泄露的情况。其实，真正知道考卷全貌的人就是极少数几个最终负责"选题组卷"的出题组老师。

第三，考试结束才能"重获自由"。

那么，出题老师设计完自己的考题后就可以回家了吗？其实并非如此。

一般情况下，出题老师设计完考题后还需要继续封闭在出题组，通常需要等到考试结束后才能"重获自由"，这样就是为了保证不泄密。

由此可见，出题也是一个非常枯燥的工作。因为在设计完考题后还有很长的时间，出题老师在这段时间里是没有办法做什么的，只能待在出题组，等待考试结束。

出题的三道工序

看完上面的描述，大家可能有一种感受，那就是每一位出题老师的权力太大了，好像一切都是自己说了算。

然而，真实情况并非如此。因为这里必须考虑到一个问题，那就是每一位出题老师设计的考题是否真的"科学有效""方向正确"，并且"没有错误"。很显然，这些仅凭借每一位出题老师自己把控是不太合理的。真正出题时会有三道工序：出题、评题、定题。

（1）出题

其实，出题并不是一个简单的任务，而是一个需要整个出题组协同工作的过程。通常而言，出题组在着手出题之前会先收到自己这个组所负责考题的具体要求，就相当于明确了具体的工作任务。在明确工作任务后，出题组的成员会集思广益，开展头脑风暴，共同理解出题的要求，并各自提出一些想法。这个初始阶段类似于项目启动会，大家可能还处于摸索状态，思路尚未清晰。此时，每个人都会提出自己的想法，这些都并无不妥。

这样的出题前商讨会可能要开好几次，反复讨论。通过开会，大家逐渐形成了较明确的思路。这样各位出题老师就可以根据这些思路，各自独立地着手设计考题了。出题老师们可能会充分发挥自己的创意，也有可能把开会时产生的一些思路转化为考题。无论采取何种方式，每位出题老师都各自承担出题任务，旨在按照出题要求设计出高质量的考题。

这一步的出题不必过于追求绝对的精确性，更重要的是相当于提出一个"初稿"。当然，如果能直接让考题成型，也是没有问题的。

（2）评题

各位出题老师设计好考题后，接着就是整个出题组一起工作了。这次的核心工作任务是"评题"。具体而言，就是各位出题老师都需要将初步设计好的考题拿出来给大家讲，包括解题思路、答案等。讲解的形式可能和大家平时开会差不多，也是通过PPT投影来展示考题。大家在会议室里，各自表达观点。

在这个过程中，各位出题老师就需要共同评判这些考题是否符合考试出题的要求。不符合要求的考题可能直接被剔除了，有些表现不错的考题就直接被选中。而有些考题虽然整体表现还不错，但是可能存在一些小问题，这时就需要对这些小问题进行修改。待问题修改完毕后，再对考题进行评估。如果评估合格，那么这些考题也将被选中。

当然，在最初阶段，可能会出现考题质量不高或者整体数量不足的情况，这时就需要各位出题老师继续设计、完善考题了。无论如何，这一步的核心关键在于所有出题老师共同评估考题是否合适，以保证考题的质量。

（3）定题

最后一步，当然就是把最终符合要求的考题确定下来。而且，出题组要求的各种细节问题也都要解决，如写好标准答案、评分标准等。总之，这一步就是要确保每一道考题都真正完整且精细，这样才算一张考卷设计完成了。

　　看完这三个出题步骤，大家可能会觉得，出题的过程其实和自己平时的工作差不多。实际上，确实如此。因为无论是出题，还是日常工作，大家都是按照要求共同完成一项工作，本质上并无太大差异。

一道考题的出炉：
定考点、设考题、写答案

　　在上一部分，我们了解了出题的整个过程。在这一部分，我们把视角再细化一些，来拆解每一道考题是如何设计的。把出题老师设计一道考题的工作拆解开，基本上会有三个核心环节。

定考点：确定考什么

　　对于任何标准性的考试来说，没有一道题会凭白无故地出现在考卷上。任何一道题，它一定是在考察某个或某几个考点，或者考察某种或某几种能力。

任何一个标准性的考试，它的考题一定是不一样的，是可以千变万化的。但是，每个标准性考试的考点是确定的、不变的。出题老师设计考题自然不能从千变万化的考题出发，他们要做的是从确定的考点出发，也就是从"考什么"出发。

出题老师在设计考题时，会先从确定的所有考点中选出自己要设计的这道题具体要考察的考点。具体而言，就是先明确这道题要考察的知识点或能力点。当然，出题老师选择的"考什么"需要符合考试和出题要求，不能自己随意发挥。

当然，某位出题老师在设计某道题时很有可能已经得到了非常具体的"考什么"的要求，他也只是在某个小范围里进行选择。例如，在高考试卷的出题分工中，某位出题老师被分配的工作是设计立体几何方面的考题，这就是一个明确的范围。而这位出题老师能做的就是在立体几何的众多考点中选择他觉得应该考察的考点，他也不可能从"数列与概率统计"这些板块挑选考点，因为这不是他负责的范围。这位出题老师可能根据自己的分析，甚至根据自己的个人理解偏好，选择了多个自己想要考察的考点，也可能只有某一个考点。

当然，确定考点，就是确定"考什么"这个过程也不一定是某一位出题老师的工作，很有可能是出题小组一起讨论。

因为具体确定"考什么"的方式肯定是多种多样的，我们无须了解那么多细节。但是，在这个部分，我们一定要明白最关键的一点，即出题老师是先确定"考什么"，然后进行考题的设计，而不是漫无目的地直接出题。

看到这里，可能有人已经察觉到了"出题人思维"。具体而言，就是每道题一定是在考察某个或某几个考点，你一定要有这个思维意识。这个思维意识很重要，因为这是你解题的非常重要的突破口。一旦你分析出某道题考察什么，很多时候，解题的概率就能大大提高；相反，如果你不知道这道题到底要考察什么，那么解题的可能性就很小了，甚至会南辕北辙。

虽然"考什么"的信息非常重要，但比较遗憾的是考生不能直接得到这个信息。因为考试时的题目不会附带说明，告诉你它在考察什么。而且，出题老师也不会在考试过程中告诉你这个信息。

然而，作为考生，我们不是出题人，也不会专门出题，自然不会具备出题人思维。这就要求我们积极训练自己的出题人思维，即根据考题精确地分析这道题到底要"考什么"的能力。如何训练出题人思维呢？本书将在第3章详细讲述。

设考题：确定怎么考

确定了"考什么"，接下来出题老师就要开展第二步工作了，那就是设计考题。

在设计考题时，虽然不同的考试会有不同的出题要求，不同的出题老师也会有一定的出题倾向性，但通常而言，大家都会关注三个要点。

（1）考得准

这一点非常好理解，就是设计的考题要确实能考察到考点，做到一一对应、不跑偏。例如，出题老师已经选定的考点是三角形的面积计算，那么设计的考题就确实是考察三角形的面积计算，而不是考察平行四边形的面积计算。

对于出题老师来说，这一点其实很容易做到。但我还是要专门拿出来讲，因为这是一个基本的、必须要保证的出题要求。如果这一点出现问题，那么这道题就从根上出现了偏差。

（2）考得对

在上一步，出题老师选定了要考察的考点，但对于一个考点到底要怎么考，考到什么程度，其实出题老师是不能随意发挥的。

只要是标准性的考试，一定都会有明确的考纲

（部分考试不一定有考纲，但是一定有发挥着考纲作用的纲领性文件。本书为了方便理解，都统一称为考纲）。考纲里会明确规定，对某一个考点要考察到什么程度。通常情况下，考察的程度主要分为记忆、理解、运用等。那么，对应这几个程度设计出的考题自然就是不一样的。

我还是以三角形的面积计算这个考点为例来说明。如果考纲的要求是"记忆"，那么出题老师设计的基本就只能是直接考察三角形面积计算的记忆题；如果考纲的要求是"理解"，那么出题老师设计的考题就可以是"请说明三角形面积计算为什么是'1/2× 底 × 高'"；如果考纲的要求是"运用"，那么出题老师设计的很可能就是一道让你实际计算某个三角形面积的考题。

所以，出题老师也必须按照考纲对选定考点的考核要求设计考题，不能随意超纲，或者偏离考核的要求。

除了按照考纲中对具体考点的考核要求，出题老师还会按照考纲中对考核或题目设计的整体要求。例如，在教育部发布的新课标中，几乎每个科目都有"考察运用知识直接解决实际问题"的能力。那么，你就会发现现在不管是各地的中考，还是高考，甚至全国各地的期末考试，绝大多数考试题目都是现实世界中的实际问题。具体而言，就是在一个具体的现实情境中解决问题。所以，针对当下小学、初中、高中的考试题目设计，很多专家都有"无情景不出题"的共同认定。

以上两点对知识考察的程度，以及对知识考察的方式，都是出题老师在设计考题时会严格执行的。只要符合这两个要求，就是真的"考对了"，否则就偏离了出题方向。

所以，考生既需要关注考纲中对知识点的考察程度，也需要关注最新的考察方式，这两点都极为重要。例如，对知识的掌握程度不够，以及对最新的考察方式不了解，都会让你在考场上看到题目后不能真正快速解题。相反，如果你注意到了这两点，那么就可以精确地备考，事半功倍，不做无用功，不走冤枉路。

（3）考得好

任何标准性的大型考试，如高考、中考，或者考研究生、考公务员，其实都会有很多人或机构在做押题的工作。而且，每年临近对应的考试时，甚至都会有专门的押题卷出来。

对于这些押题卷，除了广大考生会关注，出题老师也会关注。因为他们设计考题时还有一个非常重要的工作，那就是反押题、反套路。

出题老师真正在设计考题时会尽量避开这些押题卷，也会避开大家很容易想到的一些常规的出题套路。即使出题老师在设计考题时，因为各种原因设计出来的考题被押中，或者进入了大家预测或总结出来的套路中，那么在最终"组卷"环节（就是从各位出题老师设计的考题中挑选合适的考题，最终组成一张试卷）也会被消灭掉。

对于一场考试，很多考生会非常迷恋押题卷，还有大家总结出来的一些解题套路。你不能说这些东西完全没有用，但肯定不是完全有用。原因很简单，如果设计的考题很容易被押中，那么大型考试将失去它的权威性。

所以，我不建议大家去深究押题卷，而是应该真正掌握知识，做到运用知识解题，这样才能以不变应万变。因为我们要相信，国家的大型标准性考试会决定很多人的命运，它的考题一定是科学、客观、权威的，它一定能筛选出需要选拔的人，而投机取巧的人肯定不会有好的结果。

那么，反套路又是怎样一件事呢？这和押题有一些不同。其实，总结解题思路、出题思路等都是不错且科学的备考方式。但是，考生不要在知识还没有掌握时做这些工作，一定要在已经掌握知识后再做。这也是考生理解知识、运用知识的过程，这样的备考才是科学有效的。如果在知识都没有搞懂的情况下就盲目地总结，或者直接看别人的总结，希望能够拿到所谓的套路，那么最终的考试结果一定会让你失望。

写答案：确定怎么答

当出题老师按照要求设计出考题后，其对这道题的命题工作并没有结束。因为他还有一项重要的工作，那就是给自己设计的考题配上解题思路、标准答案及对应的评分标准。

毫无疑问，出题老师对自己设计的考题是最了解的。他最清楚自己的出题思路，也最清楚自己设计这道考题的目的，自然更清楚如何解答这道考题。所以，给考题配上解题思路、标准答案和评分标准的工作自然就需要由出题老师来完成。

但是，这里会存在一种特殊情况，即撰写标准答案是由出题老师和专门撰写标准答案的老师一起完成的。为什么呢？

原因非常简单，对于很多文科类的主观题，如论述题，撰写答案是一个相对主观的工作，对文字表达的准确性有着很高的要求。人各有专长，难免会有一些出题老师可能非常擅长设计考题，但是并不擅长撰写答案；也可能有一些出题老师非常专业，但就是因为过于专业，远远超过考生能够接受的层次，他们写出来的答案就会是考生难以理解的，如果他们按照自己习惯的方式作答，这样肯定也不太合理。例如，对于高考出题来说，很多出题老师都是大学老师，他们能设计考题，但是不太适合作答。因为大学老师并没有太多接触参加高考的考生，对他们的行文水平都没有那么了解。

那么，出题老师和专门撰写标准答案的老师怎样一起工作呢？虽然不同考试的出题会有一些差异，但整体来说，基本都是出题老师主导思想，撰写标准答案的老师负责精准呈现。具体而言，就是一般会由出题老师写出基本的答案，并给撰写标准答案的老师进行讲解。撰写标准答案的老师在真正吃透、理解出题老师意图和思路的基础上，再精准地撰写出符合出题老师想法的标准答案，而不是自己自由发挥。

当然，撰写标准答案的老师也一般都是很有经验的，而且专业水平很高，对考试及考生都非常了解。

其实，出题组一般都专门设有撰写标准答案的岗位，他们的工作基本就是按照标准答案及配备的评分标准展开的。因为标准答案太重要了，大家在第 2 章的讲解中就能清楚地感知到。

整张考卷的产生：
注重选拔性、稳定性、创新性

　　在上一部分，我们了解了一道考题出炉的过程，那么一整张考卷又是怎样产生的呢？

　　我们在前面也提到，出题老师设计完一道一道考题后就会提交给出题组，这时将会由负责组卷的出题老师选择考题，最终组成一张考卷。通常情况下，因为最终的组卷工作是由能够知晓整张考卷并确定最终考卷的人承担，所以这些人都是极为有经验且能统领全局的出题老师，甚至是出题组或考试

组委会的领导。其实，即使不是由出题组或考试组
委会的领导直接组卷，最终的试卷也一般要由他们
签字确定。

至于具体的组卷过程，我就不进行详述了。因
为这个过程极度机密，而且不同考试的最终组卷方
式可能也会不太一样。但不管怎样组卷，一般而言，
出题组领导在最终组卷时都会把握三个根本原则。
而了解这三个根本原则会让大家更好地理解考试，
也更好地理解一张科学的考卷到底会有哪些标准，
到底什么样的考题能最终出现在同一张考卷上。

选拔性：确保考卷的区分度

一般来说，考试分为两种：一种是水平性考试，
另一种是选拔性考试。

水平性考试的目的就是检测考生是否达到了某一能力水平。例如，大学英语四级考试只要考生取得的分数过了线，那就是通过了；如果没有过线，那就是没有通过。当然，考生取得更高的分数，其实也没有太大的作用。

选拔性考试就不是过某一个线了，而是要通过考试选拔出谁的水平更高。大家都会拿到一个考试分数，分数高的排在前面。例如，高考就是要对所有考生进行选拔，最终大家比谁的分数高、谁的分数低。

其实，不管是水平性考试，还是选拔性考试，本质上都是选拔性考试，就是大家都要通过完成考卷得到一个分数。很自然，这就要求考卷真的具有选拔性。也就是水平高的考生能够得到更高的分数，水平低的考生得到的分数没有那么高。考卷必须能做到这一点，才是科学的。如果不管水平高低，考生得到的分数都不高，或者分数都很高，这就是没有选拔性。

这么听起来，你是不是觉得这是一件很难的事情？毕竟要能够准确地通过一张考卷检测出那么多考生的真实水平，而且最终通过得分做出精确的区分，的确不简单。那么，考卷到底是怎么做到这一点的呢？

这就要求考卷中的考题有区分度。通常情况下，根据考试的难易程度，一张考卷中会出现三个档次的考题，分别是简单题、中档题和压轴题。

（1）简单题

简单题就是考生只要达到一定的要求，比如学明白了考试要考核的知识点，就能解答的题目。高考中的简单题就是直接考察某一个知识点，非常简单。当然，简单题中还会有一些送分题，毫无难度。基本上只要考生有点常识，稍微准备一下考试，甚至不做什么准备也都能解答。通常情况下，简单题的占比越高，考试就会越简单。这对于一般考生更有利，但是对于优秀考生就不利。因为考卷太简单，大家都能解答，即使某个考生的水平再高，也难以和大家拉开距离。所以，我采访过的很多清华、北大的"学霸"，他们就特别担心高考题太简单，尤其是自己的优势科目；他们真正希望的是考题更难一些，也就是简单题的占比低一些，这样就能拉开分数差距。

（2）中档题

中档题一般就是有一定难度的综合题。这种考题可不是随随便便就能解答的，但是也没有难到绝大多数人解答不出来的程度。一般经过一定的努力，考生还是可以解答其中很大一部分的。

中档题的要求一般会比简单题高一些。例如，简单题就是考察某一个知识点，也没有任何拐弯抹角的地方，即是什么就考什么；中档题可能就是同时考察几个知识点一起运用，这就要求考生仅掌握一个知识点是不够的，还需要考生掌握很多知识点，而且能综合运用，这种题目自然就更难一些。毫无疑问，只有水平更高的考生才能解答这些考题。普通考生即使能解答，也难以做到完全正确，他们或许会出现一些问题，或者做题的速度更慢，这自然就影响了最终的成绩。

（3）压轴题

压轴题就是防止太多人得满分的考题了。这些考题有非常高的难度，极其复杂，有些甚至会超出考纲的要求，就是为了防止有太多人得满分。例如，每年高考数学的压轴题就非常难，一般都会超纲，让大家做不出来。对于普通学生来说，直接放弃即可。但是，对于要考清华、北大的学生，对于要在数学考试中冲击满分的尖子生，他们是需要想办法拿下压轴题的。说直白点，这种考题就是为了选拔考清华、北大的学生用的。

看到这里，你可能明白了，一张考卷怎样做到具有选拔性、有区分度，其方法就是调控这三类考题的占比。如果希望考卷更难一些，那么降低简单题的比例、增加中档题和压轴题的占比就行。相反，如果希望试卷更简单一些，那就是增加简单题的比例。

一般而言，在任何一个标准性的考试中，这三类考题都有相对确定的占比。例如,在高考中,简单题大约占80%,中档题大约占15%,压轴题大约占5%。也就是说,高考中有80%的题目其实并不难,只需要考生把教材、考纲上要求掌握的考点都掌握了,那就能得到大约80%的分数。例如,高考数学的满分为150分,也就是能够得到120分。所以,对于在某一个科目上还拿不到80%得分的同学,其实不用做过多花里胡哨的备考动作,准确地找到自己没学明白的地方,将其真正搞懂就行。而当你能拿到超过80%的得分时,你才需要针对中档题做专题训练。所以,考试提分是一个阶梯提升的过程,不是直接从60分到90分,而是先从60分到80分、再到90分的过程。

既然这三档考题在大型的标准性考试中都有相对确定的比例,那么组卷老师在选题组卷时也会严格地按照这个比例进行组合。他们不能随意发挥，因为但凡比例不准，没有做好区分度，都会让考卷失去考试要求的选拔性。例如，某一年某地的中考试卷太简单，出现了很多全科满分的同学，还有很多考生只有极少的扣分。很显然，这个考卷就在选拔性上没有做得特别好，因为很多接近满分的同学在平时的成绩其实就是中等。对于这个考试，外界会觉得是中考变简单了。但是，也有懂考试的教育专业人士认为这其实可能是一个出题事故。

当然，还有一件很多人都熟悉的事情，那就是"史上最难的高考数学"——2003 年的高考数学卷。当时考完之后，大家真的是一片哀嚎，很多平时数学成绩好、能考 120 多分的学生都直呼太难。这就是在考试的选拔性上出现了一些问题。后来经过调查才知道，因为那一年在四川的一个地方出现了数学考卷被盗的情况，紧急启用了备用卷，才导致这样的情况。

稳定性：确保考卷的延续性

组卷老师在选题组卷时，在选择考题上除了保证选拔性，也就是不同难度的题目需要组合好，同时还需要注意选出来的考题具有稳定性，即每年的考试要保持一定的延续性。这是什么意思呢？

我还是以高考为例进行讲解。也就是说，每年考试的考卷不能和上一年有太大的不一样。为什么要这样呢？因为大型标准性考试的题型及考察方式都是基本稳定的，这些题型及考察方式已通过多年的真实考试一步步优化出来，被实际验证过，是科学、有效的。

因此，任何一位组卷老师也不能根据个人的喜好，不顾已经稳定的考卷结构随意组题。如果必须这样做，就可能是因为新的题型、新选的考题及不同考题的组合方式有更科学的选拔性。但还有一种可能，即在选拔性上做得不好，那就是出题事故了。

另外，确保考卷的稳定性，并且和往年的考题保持延续性，还有一个非常重要的原因。那就是每一届考生在备考时，以及老师的整个教学设计，都会严格参照已经出来的真题。如果不注意稳定性，不考虑延续性，很可能就会出现考生的备考是往 A 方向、结果考试是 B 方向的情况。这就是南辕北辙，难以产生合理的选拔效果。

所以，说到这里，大家就会明白，为什么面对大型的标准性考试，最近几年的真题会是绝佳的备考材料，而吃透真题是一件极其重要的事情。因为最近几年的真题，就是最接近考生最终面对的考卷上的内容。

创新性：确保考卷的发展性

既然考试要注重稳定性，那么是不是完全注意考题的延续性，不考虑创新了呢？其实这也不对。

在一张考卷的选题和组卷上，其实也是需要做到"守稳＋创新"的。这是什么意思呢？就是考卷需要注意稳定性，但是不能只注意稳定性。因为如果只有稳定性，那么大家就完全可以通过真题直接推导出自己要解答的考题了，很显然这是不合理的。

而且，随着考试的发展，以及时代的发展，不同的考试对考生的考察要求在发生变化，不同的考试希望选拔出来的人才也在发生变化，很自然考卷就需要相应地发生变化。

根据这些现实需要，出题老师及最终选题组卷的老师在保证稳定性的基础上，也就是不失去考题的选拔性的基础上，有一定比例、一定程度地体现考试本身需要的创新。

例如，现在的中考、高考，甚至学校的期末考试，采用的考题都越来越灵活，不再是过去那样死板，而是直接考察用知识解决现实世界中的问题。这种考题的出现就是一种创新，因为现在的教学和考试要求就是让学生不再学死知识，而是用知识解决实际问题。

除了考试本身选拔人才的要求发生变化，需要在考题、考卷上进行一定比例的创新，还有一个必须创新的原因，那就是"反押题"。因为大型考试会有人专门研究真题，也会有人押题。所以，为了考卷能起到选拔的作用，出题老师在出题和选题时也需要有意地"不追求稳定"，让大家无法预测。

关于考卷的创新性，最后再特别强调一点，即一定是一定比例的创新，也就是在保证稳定性的基础上，在可控范围内的创新。注意，一定不是全盘的创新。因为对于大型的标准性考试来说，完全的创新一旦做得不好，那就是考试出题事故，这是绝对不能出现的。

另外，还必须说明一点，对于大型的标准性考试，如果要出现新的题型、新的考察方式及组题方式，都会先在一定范围内进行试点，确保科学后再大面积应用。例如，对于高考来说，教育比较发达的北京、上海、江苏、浙江等地就通常是进行试点的地方。这也就是为什么很多高考的新题型都会先在这些地方出现，最终再纳入全国高考卷。

📝本章学习笔记

第 2 章

阅卷人：
考卷上的分数是如何打出来的

对于客观题，机器可以直接进行评分。但对于主观题，分数是由阅卷人给出的。那么，阅卷人又是怎样做到打分又快又准的呢？在这部分，我们将走进考试阅卷现场，看看阅卷人都是如何打分的。当你明白其中的奥秘，你自然就知道如何让自己在考试中多得分。

阅卷人的评分标准：
标准答案、分值拆解、评分说明

　　阅卷人评分，最重要的一点就是必须做到客观、准确，不能按照自己的喜好随意给分。要做到这一点，各种考试会组合运用各种方法。但不管使用哪些方法，其中有一项因素一定是不可或缺的，而且也是评分的基础，那就是一份清晰的评分标准。这是所有阅卷人评分的依据，怎么打分，给多少，都是参考这份评分标准。

　　不同的考试因为性质各有差异，具体的评分标准肯定也会有所不同。但不管是怎样的评分标准，一定会做到"三个清晰"：清晰的标准答案、清晰的分值拆解、清晰的评分说明，以便从根本上保证评分的客观性。本节就对这"三个清晰"进行详细讲解。

清晰的标准答案

毫无疑问，给阅卷人的评分标准，首先肯定需要包含一份清晰的标准答案。其实，我在第1章中也专门讲到出题人在出题的同时会撰写出清晰的标准答案，而且为了保证标准答案的质量，还会有专门的擅长答题的出题人进行撰写。

一般来说，清晰的标准答案需要满足以下几点要求。

（1）标准答案肯定是标准的、准确的

标准答案必须非常清晰，不能有错误，也不能含糊其辞，这是基本要求。对于文科类主观题，答案需要表达精准，用词精确且言简意赅；对于理科类主观题，答案需要有清晰完整、简单明确的解题步骤。

（2）标准答案有清晰的答案结构

对于多数的文科类主观题，一般答案都不是一两句话能说完的，而是一段话。那么，这一段内的语句不能随意组合在一起，而是必须有清晰、合理的答案结构，内在逻辑、外在表现形式都要非常清晰。对于理科类大题，自然是要求每一个解题步骤都非常清楚，一步一步地推导演算过程，整个过程完整且缜密。这样能让阅卷人一目了然，便于理解和拆解。

（3）关键得分点清晰明确

除了少数考试的少数题型采用扣分制以外，现在绝大多数考试题都是采用踩点给分的方式。在标准答案中，每一个得分点的得分关键词、关键意思，或者每一个得分步骤，都需要考生写得非常清楚。这样能让阅卷人在阅卷打分时非常明确地知道给分点在哪里，答出什么内容了才可以给分。所以，考生一定要明白，考试时洋洋洒洒写很多却只表达一个意思并不能多得分，而是多写一些得分关键词，多从几个角度作答，通常能多得分。因为踩点给分的阅卷方式，一般都是写对得分点就给分，写错不扣分。其实，阅卷人在阅卷时就会睁大眼睛在考生的解答中寻找与标准答案匹配的得分关键词、关键意思表达，找到了就给分。

综上所述，不管是怎样的标准答案，一个基本的要求就是清晰明确，便于阅卷人参考、对照，这样更能给出准确客观的分数。

清晰的分值拆解

在标准答案中，每一题的答案都有清晰的内在结构或解题步骤。那么，给阅卷人的标准答案中自然需要有对这道题分值的拆解。对于理科类的题目，标准答案就会非常清晰地标出每一个步骤分别对应多少分值；对于文科类的主观题，标准答案内部有清晰分割的部分，不同的部分也会有对应的分值。

例如，接下来这道题的标准答案就有清晰的分值拆解。

举例：这首诗歌，表达了作者怎样的思想情感（5分）

✓ 作者通过对 ×××的描写（1分，引述诗歌中的内容）

✓ 表达了×××的思想（2分，写出具体表达了什么思想）

✓ 抒发了×××的情感（2分，写出抒发了具体的什么情感）

　　看到这里，大家肯定明白了，在考试作答时一定要尽量向标准答案靠拢，有非常清晰的内在结构或步骤，以便阅卷人能很清楚地看出来。这样阅卷人能很准确地为考生给出分数。如果考生的作答没有清晰的内部结构或步骤，含糊不清，不同的解答部分或步骤缠绕在一起，那么就很容易让阅卷人漏看关键信息。或者即使考生作答的意思对了，演算步骤正确，但因为结构不太清晰，阅卷人也会给予适当扣分。这样考生就是白白丢分了，很不划算。

清晰的评分说明

对于这部分，我分两种情况来讲述，因为涉及两种不同类型的考题。

第一种情况是有一些考题没有标准答案，或者标准答案的参考价值不大，因为每一个考生的答案都会和标准答案相差太大。其中最典型的就是极度主观的创作类题型，比如作文题、论述题。

对于这种题型，一般都是直接给出评分标准（很可能没有标准答案），让阅卷人根据这个标准进行评分。例如，对于考试的作文题，阅卷人拿到的就是一个对不同档次作文的具体评价标准，他要做的就是根据这些标准对一篇篇作文给出客观的分数。

第二种情况就是对已有的标准答案做出具体的

评分说明。

其实，我在前文讲的，不管是标准答案，还是分值拆解，都是在追求准确性，即尽量清晰明了，减少争议。但与之相反，对于同一道题，考生的答案就是各种各样了。而且，同一道题也确实可能有多种解法。

那么，"清晰的标准答案和分值拆解"怎样做到能覆盖考生写出来的各种千奇百怪的解答呢？而且，我们也不能因为某一个考生的答案意思正确，但和标准答案的用词不一致，就给人扣分，这显然也不合理，毕竟标准答案不是唯一答案。当然，我们也不能因为某一个考生用了和标准答案不一样的方法解题却不给考生分数，这肯定是对考生不负责任。

面对这些情况，该怎么办呢？通常来说，评分标准中除了标准答案及分值拆解，还会有附带的评分说明，就是尽可能地对各种可能的情况进行评分说明。这样让阅卷人在评分时有参考、有依据，尽量做到客观。

我用理科的题目来举例说明。如果某一道考题有三种方法可以解出来，那么考试的评分标准就需要针对这三种解题方法各写出一份标准答案，并做好分值拆解。

当然，如果这三种解题方法中，有两种是考纲要求考生掌握的，而另一种属于超纲的，那就需要写出这两种考纲要求考生掌握的解题方法的标准答案。对于另一种超纲的解题方法，则可以写清楚评分说明。例如，"如果用××法解题得出正确答案且过程正确，则可以给结果分，但过程分给一半"。

我再用一个文科题来举例。还是前文那道诗歌鉴赏题：这首诗歌表达了作者怎样的思想情感？如果标准答案是"表达了作者<u>思乡</u>的情感（2分）"，那么针对这2分一般都会有这样的评分说明：写出"思念家乡""想念家乡"这样与"思乡"同义的答案，完整包含了"思"与思念的对象"乡"，都给2分；但如果只写出"思"的意思，没有写出"思"的对象，比如"思念"的情感、"想念"的情感，则只给1分；但如果写错"思"的对象，则不给分。

　　通过以上两个例子，大家应该感受到了评分说明就是尽可能覆盖各种相关的可能性的答案，尤其是考生容易写出的答案，以便阅卷人能客观、准确地打分。

　　当然，评分说明不可能完全覆盖所有的考试答案，一定会有没直接说明到的。这时阅卷人就会根据评分说明，结合自己的理解进行判断，并给出自己评判的分数。不过，大家也不用担心这种情况会导致评分不客观、不准确。因为整体的阅卷评分机制早已经考虑到这些问题了，我们一起往后看。

真实的阅卷过程：
培训、测试、真实阅卷

　　有了"一切清晰"的标准答案，阅卷人就有了阅卷评分的依据。那么，阅卷人的具体阅卷过程是怎样的呢？在这一部分，我就来透视阅卷过程，以便让你更清楚地知道该如何做，才能在阅卷人的严格评分下尽可能地拿到高分。

阅卷前培训：确保对评分标准的理解准确和一致

　　首先，阅卷人进入阅卷组，并不是直接开始阅卷，而是先接受培训。这个过程极其重要。我们可以反过来看，如果理解不准确，也不一致，会出现什么可怕的后果。

第一，不同阅卷人对评分标准的理解不一致。

一般来说，大型的标准性考试都会有大量的考生参加，那么阅卷工作量自然是非常巨大的。毫无疑问，阅卷工作不可能由某一个阅卷人完成，一定是众多阅卷人一起完成。一千个人眼中就有一千个哈姆雷特，即使有标准的参考答案和评分标准，只要是主观题，不同的阅卷人都难以避免出现不太一致的理解。

第二，不同阅卷人对同一份考生答题的评分有差别。

标准答案和评分标准还只是评分的依据，而真正的阅卷是基于评分标准对不同考生做出的千差万别的解答进行评分。不同的阅卷人会有不同的偏好，对同一份考生的解答给出的分数就会出现偏差（在最终的真实阅卷中，这种偏差在一定幅度内是允许存在且客观存在的）。

第三，同一个阅卷人不能做到保持全程不变的评分标准。

以上两点分析的是不同阅卷人之间可能出现的评分偏差，但这种评分出现差别的情况也会体现在同一个阅卷人身上。

看过需要多位裁判共同评分体育比赛的朋友都会有这样的感觉，就是在同一轮比赛中，各位裁判对第一位参赛选手进行评分通常都会严格一些，而对后面的参赛选手进行评分好像就会宽松一些。虽然体育比赛会用各种办法规避这种情况，但实际上这种情况难以绝对避免。

同样的道理，阅卷人在阅卷时也会出现前后不一的情况。例如，某一位阅卷人在阅卷的前两天看得更认真、更仔细，评分比较严格，只要发现问题就会扣分；但是随着阅卷量越来越大，他发现考生们几乎都会有很多错误，就会对一些不太重要的小错误适当宽松一些，给出的分数就高一些。

毫无疑问，标准性考试必须尽可能避免出现以上三种情况。因此，阅卷人在进入阅卷组后将会得到统一的培训，需要认真学习并确保真正吃透标准答案、评分标准等，尽量在实际阅卷时不出现人为误差。

特别说明一点，在确保大家理解准确和一致后，阅卷前的培训还会给出评分的"松紧度"。如果题目简单，可能就要求阅卷人"紧一些"；如果题目难，就要求阅卷人"松一些"。当然，很多评分标准就直接对这个"松紧程度"做出了说明。例如，对于某道题，评分标准中直接表明必须答出某个得分关键词才能给分，那么这就是"紧"；反之，评分标准中表明无须答出某个得分关键词，只要有相关的意思就能得分，那么这就是"松"。

不过，"松一些，还是紧一些"其实没有太大关系。因为松和紧对所有考生都是同一个标准，不会涉及对谁不公平的问题。对于"松和紧"，真正关键的是一致性，就是所有阅卷人都要对这个"松紧程度"采用同样的标准，不能一些阅卷人松，一些阅卷人紧。对于同一个阅卷人，也同样要求一致性，不能一会儿松，一会儿紧，就是松或紧必须全程一致，从始至终，这样对考生才是公平的。

预阅卷：用实战真实检测，确保万无一失

阅卷人都接受了严格的培训后，并不能正式上岗阅卷，还有一个环节必须进行，就是预阅卷。

那么，预阅卷到底怎样进行呢？它的具体目的是什么？在预阅卷后，还需要做哪些处理？接下来，我就解答这三个问题。

第一，什么是预阅卷：正式阅卷前的测试。

预阅卷，本质上就是阅卷的预演。

当阅卷人完成培训后，尽管培训过程可能十分精细，但他们确实没有真实审阅过这次考试的试卷。

虽然对于标准性的重大考试，阅卷人都是经过严格挑选且经验丰富的，但是毕竟每一次新的阅卷任务都有其特殊性。如果阅卷人未经培训就直接上岗阅卷，还是可能出现问题的。

所以，在阅卷人正式上岗阅卷前，阅卷组就会组织预阅卷，或者叫"测试性阅卷"。通常情况下，阅卷组会按照各位阅卷人的分工，从考卷库中挑选一部分答卷，直接由阅卷人进行阅卷。一般来说，阅卷过程基本是和最终的正式阅卷一模一样的。只有一个最大的不一样，即在很多考试的预阅卷中，阅卷人给出的分数只是用来测试，而不会成为真正的最终分数。

当然，因为预阅卷是阅卷的预演，是测试性的，所以不会有太大的规模，通常都是抽取一定比例的试卷进行阅卷。但是，预阅卷要保证整个阅卷的流程，对各个环节可能出现的问题都必须照顾到，要真正起到检测的作用。

第二，预阅卷的目的：发现"人"，找出"事"。

对于不同的考试，预阅卷都会有一些细节上的差异，也会有不一样的做法。但是，从本质上说，预阅卷有两个目的，第一个是发现"人"，第二个是找出"事"。

（1）发现"人"

真正参与大型考试阅卷的老师都是经过精挑细选的，而且非常有经验。但为了确保万无一失，阅卷组还是需要进行预阅卷。在这个过程中，阅卷组就能发现有一些阅卷人完全具备了审阅该次试卷的能力，但是也会有部分或极个别阅卷人存在一些问题。

例如，阅卷组通过预阅卷，发现某个阅卷人对自己审阅的考题给出的分数，总是和其他审阅同一道考题的阅卷人给出的分数差别过大，那么这位阅卷人极有可能存在一定的问题；通过预阅卷，发现某个阅卷人的阅卷速度比其他阅卷人慢很多，不能按时完成阅卷任务，那么这个阅卷人也不太合格。

毫无疑问，这些预阅卷中出现问题的阅卷人就是要被找出来的人，因为真正的阅卷必须保证每一个阅卷人都是绝对合格的。

（2）找出"事"

预阅卷除了发现存在一定问题的阅卷人，还能暴露一些正式阅卷过程中可能出现的问题，以便把这些问题提前消灭掉，不至于带到正式阅卷中去。

例如，预阅卷可能发现对于某一道题，不同阅卷人给出的分数差别过大，那就说明对这道题的评判一定存在问题。再如，预阅卷发现了阅卷老师的阅卷速度整体过慢，如果按照这个速度，则不能按时完成阅卷任务。因为一般的考试阅卷都是在规定的时间内完成，公布成绩的时间是预先设定好的。因此，在保证阅卷质量的情况下保证阅卷速度，这是一个非常重要的点。

其实，预阅卷不管发现了什么问题，都没有关系，因为它的目的就是发现问题，以便及时调整，让最终的正式阅卷能正常进行。

第三，预阅卷后再优化：消灭问题，确保万无一失。

看到这里，大家也能推测出来，在完成预阅卷

后，发现了存在一定问题的阅卷人，也找到了阅卷
中存在的问题，那么接下来自然就是解决这些问
题了。

对于存在问题的阅卷人，阅卷组自然需要继续
进行针对性的培训，甚至训练，确保他们在正式阅
卷时能够完全做好阅卷工作。例如，对于前文讲到
的打分总是过低的阅卷人，阅卷组就需要分析他为
什么会出现这样的情况，是对标准答案和评分标准
理解不准确，还是个人偏好打分过低，要求比较严
格？不管是哪种情况，阅卷组都需要找到真正的问
题并解决。在必要的情况下，这类阅卷人很可能还
需要进行针对性的"阅卷测试"，经过测试合格后才
能真正进入正式的阅卷工作。

同理，对于在预阅卷中暴露的问题，阅卷组也
需要找到原因。例如，所有阅卷人都阅卷过慢，那

就需要具体分析到底是什么原因造成了这个问题。解决这个问题，速度自然就能提上来。反之，如果不追究问题的根源，只是要求阅卷人提高速度，那么即使速度提上去了，阅卷人也不细致了，评分就会不客观、不准确。

接下来，我们就一起进入真正的考试阅卷吧。

真实阅卷：紧盯电脑屏幕，一题阅到底

不知道你有没有看到过阅卷现场的照片，或者视频画面？

如果你看过，可以回想一下，一定是这样的画面：很多阅卷人一排排整齐地坐着，眼睛死死地盯着电脑屏幕，时不时点一下鼠标。

为什么会是这样的画面呢？考生的解答不都是手写在答卷上吗？为什么现场没有答卷，都是在电脑上操作呢？这里，我就要给大家解释一下了。

（1）答卷是扫描文件，写好字真的很重要

阅卷人并非直接对着答卷进行阅卷，而是对着答卷的扫描件进行阅卷。

在重大考试中，答卷的客观题部分直接通过机器扫描就能出来具体的分数，非常客观。对于主观题部分，在阅卷工作正式开始前，所有答卷会被扫描进入答卷库。

在阅卷人阅卷时，系统会分配某一份答卷到阅卷人的电脑屏幕上。一般来说，这都是非常随机的过程。阅卷人对某一份答卷进行评分后就会提交，

接着审阅下一份随机分配的答卷。所以，阅卷人阅卷时会一直盯着电脑屏幕，而不是答卷了。

　　由此可见，各位考生一定要把字写好。因为如果字写得好看，答卷上的解答也结构清晰、布局合理，那么答卷扫描出来就看着清晰、舒服，不会太受影响。但是，如果字写得不好看，歪歪扭扭，而且布局不合理，都团在一起，这种情况下出来的扫描件就能很"完美"地放大卷面的缺点，让考生很吃亏。

　　因为阅卷通常都是在规定的有限时间内完成，阅卷人的阅卷工作其实非常紧张，而且枯燥。如果考生的卷面不好看，得分点不清晰，真的会很吃亏。当然，如果考生的字写得很好看，卷面很美观，那么阅卷人看着也赏心悦目，印象分就会上去；反过来讲，考生也不会因为卷面导致丢分。

（2）各司其职，一题阅到底，严格按照标准评分

那么，不同的阅卷人之间到底怎么分工呢？是一位阅卷人审阅整张试卷，还是有其他分工方式？

其实，多数考试的阅卷方式就是一个阅卷人只审阅一道题，不会审阅多道题。当然，一道题也会有多位阅卷人审阅，因为阅卷量太大，一个阅卷人是无法全部完成的。

为什么这样安排呢？一方面，一个阅卷人只审阅一道题，速度更快，效率更高，而且阅卷难度更小。另一方面，一个阅卷人只审阅一道题，那么他对这道题的评分，不管是松还是紧，就他自己一个人而言都会保持一致。

看到这里，大家应该明白真实阅卷的多数事情了。我相信，大家肯定很好奇一个问题，即不管怎么做，不同的阅卷人对同一道题的评分还是会发生不一致，那么考生在某一道题上的分数到底是怎么获得的呢？

对于这个问题，我将在下一个部分专门讲述，因为这个问题是阅卷的核心。当你明白了一道题的分数出炉过程，你也会更清楚考生应该怎样让自己在考试中获得更高的分数。

真正的评分过程：
又快又准的多人阅卷机制

考生在某一道题上的最终得分是如何确定的呢？在这部分，我就专门讲述一个更细节也更本质的问题，那就是具体拆解真实的评分过程。

阅卷人单独打分

我在前文说到，每个阅卷人都会只负责审阅某一道题，他的工作就是不断地为不同考生对这一道题的解答进行评分。所以，对于某一个阅卷人来说，他的阅卷工作就是这么简单：不断盯着电脑屏幕，不断为系统分发给自己的考卷进行评分，而且系统分发过来的考卷都是同一道题目。

说到这里，你肯定会有一个疑问：这个阅卷人给出的分数就是某一个考生在这道题上的最终分数吗？我告诉你，这个阅卷人给出的分数还不是考生在这道题上的最终得分。因为任何一个考生对某一道题的解答都不是只有一个阅卷人进行评分，一般至少有两个阅卷人进行评分。他们各自给出分数即可，不用管另一个阅卷人给多少分。而且，他们也不知道自己审阅的这个考卷，到底还会被哪个阅卷人评分。

那么，不同阅卷人的评分过程到底是怎样实现的呢？其实非常简单。对于任何一份考卷，系统会先分配给第一个阅卷人。第一个阅卷人完成评分后点击提交，这份考卷将回到系统中，随后又被分配给第二个阅卷人。第二个阅卷人也是完成自己的评分后提交系统。经过两人评分，这份考卷上某一道题的阅卷人打分环节就完成了。但是，最终分数还没有出来，因为之后就是由系统进行评分，或者需要升级处理。

系统取均值评分

第一步完成后，对于某个考生的某一道题就有了两个阅卷人给出的分数，这两个分数就是最终得分的基础。这里就会出现两种情况：一种情况是两个阅卷人给出的分数相同，那么这个分数就是最终得分；另一种情况是两个阅卷人给出的分数不同，那么最终得分应该怎样处理呢？

可能很多读者朋友已经想到了，那就是取平均分。确实，我们看过各种有裁判打分的比赛也是取平均分，这样比较公平。然而，你是不是也注意到这样的细节？那就是有很多裁判打分的比赛通常会去掉一个最高分，同时去掉一个最低分，再对剩下的有效分数进行平均，才产生最终得分。

为什么要去掉最高分和最低分呢？这就是为了防止出现某一个分数影响太大导致不合理的情况，所以直接去掉。但是，一场考试的考生显然太多了，题目也多，一道题由很多阅卷人评分有点不太现实。一般每张考卷的同一道题只有两个阅卷人评分，那么怎样处理才科学呢？

其实，在阅卷之前，考试组委会或阅卷组都会定好某一道题的合理分差，就是允许不同阅卷人对某一道题的评分存在不一致，但是分差应在合理的范围内。例如，某一道 15 分的考题，对于同一份解答，如果一个阅卷人给了 5 分，另一个阅卷人给了 14 分，这两个阅卷人之间的评分差别显然太大了，大概率是某一个阅卷人评分出现了比较大的偏差，那么直接取平均分肯定是不合理的；还是一道 15 分的考题，对于同一份解答，如果一个阅卷人给了 12 分，另一个阅卷人给了 11 分，两个阅卷人的评分出现的分差很小，那就可以直接平均，计算出最终得分。

所以，在正式的阅卷中，当两个阅卷人对同一份解答进行评分后，系统将会对两个阅卷人给出的分数进行判断：如果在规定的合理分差内，那就直接进行平均，计算出最终得分；如果不在合理的分差内，那就需要特殊处理。

分差过大，升级处理

对于分差过大的情况，一般会有两种处理机制。在不同的考试和不同的阅卷规定中，情况稍有不同。

第一种情况，即系统再把这份解答分发给第三个阅卷人。如果第三个阅卷人给出的分数和前面两个分值中的某一个在合理的分差内，那么系统就取这两个分数直接进行平均即可。

第二种情况，则是升级处理了。一般来说，分差过大的解答会被提交给阅卷组领导，由阅卷组领导最终确定分数。当然，阅卷组领导在确定分数时也会多方面考虑，并不是完全自主判断。阅卷组领导也会把分差过大的试卷集合在一起，请更多的阅卷人评分，让大家各自发表意见。有时甚至会举行专门的会议，大家一起讨论分析，最终确定分数。

以上讲到的是某一道题的得分。除了某一道题的得分，对于整张考卷的最终得分，有时候也需要阅卷组定夺，不过这是特殊情况。例如，对于满分考卷，最终就会提交给阅卷组，阅卷组的领导会集合到一起，认真分析这张考卷的解答是不是无懈可击。大家真的都是鸡蛋里挑骨头地找问题，哪怕有一点点瑕疵，都会象征性地扣一点分。

为什么要这样做呢？其实道理也很好理解。因为对于任何一个考试，本质上都是考生与出题人之间的较量，如果一张考卷让考生轻易得了满分，那就说明考题没有"考到大家"，还是有优化空间的。所以，你会发现，每年的高考，对于数学、英语这种可以拿到满分的科目，最终得满分的考生很少，很多考上清华、北大的学生拿到的都是 147、148、149 这样的分数。

　　到这里，我已经从出题人和阅卷人的角度拆解了考试，接下来就进入大家最关心的部分，即从考生的角度拆解考试。

✎ 本章学习笔记

第 3 章

考生：
在三个层次进行竞争

本章基于一道考题展开。通过解答这道题的过程，你会在一种身临其境的感觉中真切地认识到，对于考生来说，考试到底在考什么？为什么是三个层次的竞争？该如何赢得这三个层次的竞争？当你明白了这些问题后，你会发现考高分完全是一件可控的事情。

这是 2020 年高考文科综合的一道地理大题，请你把自己想象成一位高考考生，现在开始认真读题。

（2020 年全国卷①）

36.阅读图文材料，完成下列要求。（22 分）

葡萄喜光，耐旱，图 5 为某坡度较大的地方采用顺坡垄方式种植葡萄的景现。该地位于 52°N 附近，气候湿润。

（注：36 题为原试卷题号）

（1）当地采用顺坡垄种植葡萄，据此分析该地区的降水特点。（8 分）

（2）指出该地种植葡萄宜选择的坡向，并分析与梯田相比，顺坡垄利用光照的优势。（8 分）

（3）说明温带半干旱地区坡地耕作不宜采用顺坡垄的理由。（6 分）

好，现在你已经看完了这道题，那么我们具体拆解一下，你要解答这道题，并且还要拿到高分，需要经历哪些具体的步骤。这个过程就是考试中考生需要经历的三个层次的竞争。

考试第一层：
对"知识掌握"的竞争

为什么考试第一层是对"知识掌握"的竞争

如果想要正确解答这道地理大题，那么你首先要明白用哪些地理知识解开这道题。这就是我在第 1 章讲到的"出题人思维"，即这道题到底在考什么。

我们来看这道题的第一小问："当地采用顺坡垄

种植葡萄，据此分析该地区的降水特点。"

我们要分析这个地区的降水特点，那就需要从已知的条件出发。我们拿到的条件是"葡萄喜光，耐旱，图5为某坡度较大的地方采用顺坡垄方式种植葡萄的景观。该地位于52°N附近，气候湿润"，基于这个条件怎么分析出答案呢？

很简单，我们根据"气候湿润"这个条件可知该地区的雨水较多；葡萄耐旱且顺坡垄种植，说明不能让土地藏太多水，而是快速流走。所以，我们可以推导出虽然该地区下雨多，但是下得不大。另外，题目还给了一个条件，就是北纬52°附近。那么，我们根据学过的地理知识进行分析，全球范围内处在北纬52°附近且气候湿润的地区，只有具备温带海洋性气候的地区。而温带海洋性气候的降水特点就是多雨（降雨的频率高）、强度

小（少有暴雨，每次降雨量不大）、降水量季节分
配较均匀。

因此，该地区的降水应具有以下特点：多雨
（降雨频率高）、强度小（少有暴雨，每次降雨量不
大）、降水量季节分配较均匀。

基于以上分析，你肯定已经发现，如果不懂这
道题考察的地理知识，那是无法解答的。因为你连
"正确思考这道题"的过程都不能完成，也根本不知
道用哪些知识点解答这道题。

我们在第 1 章讲到，出题人在出题时一定是用
一道题考察某一个或某几个知识点，那就是你必须
先知道考题要考察的知识点，才有可能解答这道题，
不然一切都是空谈。所以，对于考生来说，考试的
第一层就是对"知识掌握"的竞争。

考试对"知识掌握"的竞争有边界性

知识是浩瀚无边的。同样是地理考试，中考的地理考试和高考的地理考试要求考生掌握的地理知识是不一样的。

任何一个标准性考试对考生在"知识掌握"层面的要求都有其边界性。换句话说，就是每个考试要求考生掌握的知识都在一定的范围内，而不是没有边际的。例如，初中的地理考试就只会要求考生掌握初中课堂上要求掌握的地理知识，而高中的地理考试则会要求考生掌握高中课本上的地理知识。

大家一定要明白这个道理，就是考试在"知识掌握"层面的竞争是有边界的，考试比的不是谁会得多，而是在边界内谁不会得少。你想在考试中拿下高分，并不需要变成一个什么都懂的人，这不是高效的备考方式。你应该做的就是确定考试要求掌握的知识的范围，尽可能全部掌握所要求范围内的知识。只要你把所要求范围内的知识都掌握了，那就不用担心会考不好。与之相反，另一个考生对考试范围之外的知识掌握了很多，但是对考试范围之内的知识掌握得不够充分，那么如果你们两个人同时竞争，你大概率会胜过这个考生。道理非常简单，因为他掌握的考试范围之外的知识是考试不考的，原则上不能直接帮助他获得更高的分数；但是，对于要求掌握的考试范围内的知识，他因为掌握得不充分，反而会丢分。

那么，标准性考试对知识掌握的边界要求在哪里呢？我在前文讲到了，任何标准性考试都会有考纲或其他明确考试范围和要求的文件，其中就明确写清楚了考试要求掌握的知识的具体范围。

所以，对于考生来说，要想在"知识掌握"这个竞争中获胜，首先需要明确考试要求的知识范围，接着全部掌握里面的知识，而不是关注一些考试要求之外的知识。

考试对"知识掌握"的竞争有层次性

通过前文的分析，我们明白了考试对要求考生掌握的知识是有边界的。但是，仅仅明白这一点还不够，因为同一个考试对不同知识的考察程度是不一样的。

例如，针对前文的这道题，我们需要根据各种条件，运用学到的知识进行分析解答。我们将顺坡垄及地形、降雨、光照、地理纬度等多方面的知识，综合到一起进行现实问题的分析。

这道题对知识掌握的要求其实是很高的，具体表现在以下几点。

第一，这道题不是考察某个单一的知识，而是同时考察多个知识。很显然，这比考察单个知识要难很多。如果考生对其中某一个知识掌握得不好，很可能就会解答不了这道题。

第二，这道题不是考察考生对知识的记忆，而是考察考生能否在真正理解的基础上综合运用以解决实际问题。很显然，这个考核要求比单纯地考察考生对某个知识的记忆要高很多。

那么，考试中对所有知识的考察都是要求综合运用以解决实际问题吗？显然不是的。例如，下面这道题同样是一道地理题。

> 下面哪个城市不是省会城市?
>
> A. 南京　　B. 长沙　　C. 福州　　D. 深圳

　　毫无疑问,这道题就不涉及对知识的综合运用,考生只需要记住选项中的四个城市除了深圳,其他都是省会城市,就能准确地选出答案。

　　任何一个标准性考试考察不同知识的程度是不一样的,是有层次区分的。有些知识只需要考生单独记住即可,有些知识要求考生能理解,而有些知识则要求考生能结合其他知识进行综合运用以解决实际问题。

　　所以,在考试的第一层竞争"知识掌握"上,考生不仅需要注意考试要求掌握的知识的边界,也需要准确把握每一个要求掌握的知识的考察层次,这样备考才会更有针对性且更高效。当然，这些层次上的要求在哪里呢？其实，考纲中也会给大家写得非常清楚。不过，我要特别提醒大家一点，现在的考试都已经越来越多地考察利用知识解决实际问题，单纯考察记忆的东西越来越少。

考试第二层：
对"输出能力"的竞争

　　掌握了知识，是有了在考试中把一道道题解答出来的基础。然而，最终决定考试成绩的因素并不是考生掌握知识的多少和程度，而是考生写在考试答卷上的答案。从知识到答案，其中还会有一个对于考试来说非常重要的能力，那就是"输出能力"。具体而言，就是写出高分答案的"输出能力"，这是考试的第二层竞争。

为什么考试的第二层是对"输出能力"的竞争

例如，本章前文那道高考真题的第一问，你对相应的知识掌握得不错，而且分析得也不错，但是你不一定就能写出高分答案。很有可能你写的意思差不多，但是不够精确；或者写得不够全面，漏掉了一些要点；再或者写了一些与问题不太相关的回答，例如，你可能把光照问题也写进去了。这些情况都是有可能出现的。而且，这道题的分值是 8 分，虽然你知道踩点给分，但你知道这 8 分是怎么分布的吗？这都与你怎么组织和输出你的回答有直接关系，当然也和你最终的得分有直接关系。

我们假想一下，有甲、乙两个考生都面对这同一道题，你看哪个学生可能会得分更高。

甲同学

对知识掌握得很好，而且对这道题的理解也很清楚。但是，他的解答输出能力一般，就是按照自己的理解洋洋洒洒写了一大篇。虽然意思覆盖了标准答案要求的核心要点，但不够简练，得分关键词也不够准确，需要阅卷人自己总结，而不能一眼就看见。

乙同学

他对这道题所要求的知识存在一些漏洞，例如，对北纬 52° 附近的气候现象记忆有些模糊。但这个同学的解答输出能力很强，他根据这道题的分值是 8 分推导出这道题有 4 个得分点，一个点就是 2 分。根据"当地采用顺坡垄种植葡萄，据此分析该地区的降水特点"这个问题，他分析出这个答案的结构一定是"先讲顺坡垄种植葡萄的特点（这是 2 分），再结合这个特点分析该地区的降水特点；因为还剩余 6 分，那么大概率会是 3 个特点，每个特点 2 分"。

那么，他就接着从这个答案结构出发，先确定顺坡垄种植葡萄的特点是"不利于保水保土"。其实，这一点很容易回答，因为这就是一个基本常识（考生在真正的考试答题时非常容易忽略这一点。因为他会觉得这是一个常识，也是这道题的一个前提条件，于是没有写，就会丢分）。

乙同学继续推导，题目给出的条件——葡萄耐旱，与顺坡垄表明"不保水"刚好能对上。他接着分析条件"该地区位于 52° N 附近，气候湿润"。虽然他对北纬 52° 附近的气候情况这个知识不太熟悉，但他可以利用常识判断气候湿润肯定是因为经常下雨。再结合葡萄耐旱，而且顺坡垄不保水，自然很容易推导出这里虽然经常下雨，但肯定下得不大，不然顺坡上的土会太湿，而且会被雨水冲走。于是，他得出了这里气候的两个特点：下雨频率高，但雨量不大。

其实，对于这道题，很多考生分析到这里就直接开始作答了，因为第三个特点确实很容易被忽略。但乙同学已经根据这道题的分值提前分析出来会有3个特点，于是他没有放过，开始继续推导。他想，既然水土不会流失，那就说明这里一直没有特别大的雨，也不会在雨季下雨很大，于是他分析出来这里降雨的第三个特点：全年各个季节的雨量比较均匀。

经过这个完整的分析过程，甲同学严格按照答案的结构这样作答："顺坡垄不利于保水保土。因此，该地区降水应具有以下特点：多雨（降雨频率高）、强度小（少有暴雨，每次降雨量不大）、降水量季节分配较均匀。"

看到这里，你的心里肯定已经有结论了。对比甲、乙两位同学，虽然甲同学对知识掌握得很好，但是因为他的输出能力不如乙同学，结果反而是知识掌握没有那么到位的乙同学拿到了更高的分数。

为什么会是这样的结果呢？道理非常简单，因为考试的第一层竞争是对"知识掌握"的竞争，第二层竞争是对"输出能力"的竞争，乙同学因为"输出能力"更强而拿到了更高的分数。

如何快速提高考试的"输出能力"

说到"知识掌握"是考试的第一层竞争时，很多人可能不觉得有多新鲜。因为这一点基本是大家都知道的，而且也是大家经常在做的。然而，在讲到这部分的"输出能力"竞争时，我相信很多人还是挺震惊的。因为很多人以前并没有意识到这一点，也根本没有刻意训练过自己考试的"输出能力"，很多时候都是在凭感觉或自己的潜意识答题。

所以，接下来，我们学习非常重要的快速提高考试"输出能力"，也就是写出高分答案的能力。

首先，按照以终为始的思维，我们考试都是希望得高分，那就意味着我们写出的答案一定是高分答案。什么样的答案是高分答案呢？毫无疑问，每道考题的标准答案自然就是高分答案。我们要想得高分，我们要实现的结果就是让自己写的答案无限接近标准答案。很自然，标准答案就是我们学习或者训练"输出能力"的绝佳武器了。

那么，怎样用标准答案进行学习呢？方法非常简单，那就是"颗粒剂模仿"。具体而言，你可以像下面这样操作。

你拿出自己要参加的考试的历年真题，找到需要练习的题。对于这道题，你先自己做一遍，根据自己的理解回答；接着用自己的回答和标准答案进行比对，看自己存在哪些问题；然后根据标准答案修改自己的回答。再过几天，当你对这道题差不多遗忘时，你再做这道题，比对自己的回答和标准答案是否一致。如果一致，就说明你掌握了；如果不一致，那就继续修改到完美，再次进行练习检测。

总结下来，就是这样一个过程：自己答、对比看、修改、再答。

那么，我们在做这样的训练时需要做到和标准答案完全一致吗？其实不需要完全一致。毕竟最终考试的题目和训练的题目不一定完全一致，而且标准答案也不是唯一的答案。做到完全一致不仅很浪费时间，而且变成了一种机械化的训练，导致我们没有真正理解，在考试时只会生搬硬套，不能活学活用，随机应变。

不过，虽然我们在训练时不需要做到和标准答案完全一致，但是有 3 个关键点需要完全把握住：答案结构、得分关键点、学科专业术语。

（1）答案结构

高分答案一定有一个好的答案结构，而这个结构就从根本上保证了高分答案的框架，甚至得分点不遗漏。所以，答案结构是我们在训练时必须首先做到和标准答案一致的。

（2）得分关键点

现在的考试基本都是踩点给分。如果我们的得分关键点不对或者不够准确，那自然就不是高分答案了。所以，我们在训练时，虽然答案中一些承上启下的连接性文字或者不太重要的演算步骤可以不需要和标准答案一致，但是得分关键点一定要按照标准答案的措辞、表达方式或者标准的演算步骤进行严格的训练，尽量做到完全一致。

（3）学科专业术语

学科专业术语就是每个学科中的一些专有名词或者表达方式。例如，地理中就有"亚热带""季风性气候"这样的关键词，而经济学中则会有"需求""供给"等关键词。有时候，这些词或者表达就是很多答案中的关键得分点，自然需要写正确。另

外,学科专业术语还有一个作用,那就是让我们的
答案看上去很专业,写什么像什么。这样会让阅卷
人通过我们的专业表述认可我们写出的答案,分数
自然也会上去。

我把以上训练方法叫作"参考答案学习法",有
兴趣的朋友可以看我写的《极简学习法》,这本书
对这个方法有更详细和全面的讲述。另外,《极简学
习法》的第三步"多元输出"就包括解题输出、考
试输出、表达型输出、应用型输出等多种输出方式,
讲得非常细致。因为现在考试的输出方式其实是多
种多样的,如面试类考试、实战应用操作类考试等,
所以我建议想全面提高自己"输出能力"的朋友可
以仔细阅读《极简学习法》中"多元输出"部分,
一定会让你有更高层次、更多元、更综合的理解和
提升。

考试第三层：
对"得分速度"的竞争

那么，考生是不是只提高"输出能力"就能在考试的竞争中获胜呢？其实，现实情况并非如此。因为对于考试而言，还有一项至关重要的竞争。甚至可以说，前两项竞争最终都是通过考试的这个第三层竞争来实现的。这一层的竞争，或者说考试最本质的竞争，就是对"得分速度"的竞争。

为什么考试的第三层是对"得分速度"的竞争

我曾经采访过的一位清华"学霸"。高中时期，他就读于他们省前三名的一所重点高中。按照平时每次考试的全校排名，他的成绩就处在考上清华、北大的边缘。作为理科生，他的数学成绩在每次考试中基本都是全校最高分，在学校不太有对手。但是，他的英语成绩不太稳定，有时考试还答不完试卷。很明显，对于他来说，最终就是高考英语成绩的好坏决定了他能不能考上清华、北大。

高考很快到来了，在第一天的语文和理综考试中，他有一些紧张，但整体来说还算是正常发挥。不过，意外发生在高考第一天的晚上。不知道是因为紧张，还是因为兴奋，反正高考第一天的晚上，他躺在床上怎么也睡不着，翻来覆去，差不多到凌晨 3 点多钟才睡着。

　　带着忐忑的心情，他进入高考第二天。上午是考数学，这是他最拿手的科目。虽然精神状态不是很好，有点犯困，但他还是凭借自己在数学上的绝对实力，顺利做到了只剩下压轴题的最后一问。这时，他花掉了 1 小时 10 分钟左右。这个答题速度比他平时稍微慢一些，他平时完成这些的用时基本就是 50 分钟。主要原因在于他对待高考比平时更小心一些，再加上精神状态没有那么好，速度就慢下来了。

　　接着，他开始攻克压轴题的最后一问。他花了将近 10 分钟，想了很多办法，但依然没有任何进展。这时，数学考试的时间还剩下最后 40 分钟，他做了一个大胆的决定。他说就是这个决定让自己最终考上了清华大学。当时，他就想这道压轴题的最后一问是明显超纲了，如果自己做不出来，其他同学也很难做出来，那就不管了吧。

放弃压轴题的最后一问，他打起精神，快速地检查前面考题的解答，花了差不多 10 分钟，没发现有什么问题。他就放下笔，直接趴在桌子上睡觉。他要为下午的英语考试养精蓄锐，调整身体状态。没错，就是在高考的考场上睡觉。因为当时他是这么想的：别人在数学考试中拿不到最后一问的分，我努力了很可能也拿不到，就不白花这个时间了，还是睡觉来得实在；因为我的关键在于英语考试，这是决定自己能否考上清华、北大的科目。

就这样，在高考的考场上，这位清华"学霸"睡了 30 分钟。这 30 分钟很有效果。在下午的英语考试中，他没有任何困意，打起了 12 分的精神，集中一切可能的精力，破天荒地答完英语试卷后还剩下十几分钟。他还利用这十几分钟时间检查试卷，发现了两个答错的选择题。

最终，他在英语考试中获得了有史以来的最高分。而数学也正如他所言，他的成绩依然是全校的最高分。很自然，他也顺利考进了清华大学。

我讲这个例子，就是想让大家意识到，其实考试是一个与时间较量的过程，时间是其中一个极其关键的因素。因为几乎所有的考试都要求在规定的时间内完成，即使是面试没有确定的时间，但也不会无限延长。

所以，从时间的维度来看，考试的本质就是一场对"得分速度"的竞争，谁能够在考试规定的时间内拿到更高的分数，谁就能赢得这场竞争。

我们来看上面这位考上清华的同学。他的数学成绩很好，他在数学考试上的得分能力就非常强。对于高考数学，能在规定的 2 小时内答完的考生占比并不高，绝大多数考生都不能按时答完，更不用谈准确率了。所以，对于高考数学来说，大家整体的"得分速度"是不太高的。但对于这位考上清华的同学来说，他平时能够做到差不多 50 分钟完成所有题目，还有 1 小时 10 分钟的多余时间。而且，他的准确率很高，基本不出现答题错误。所以，他在数学考试上的"得分速度"是非常高的。我们以一位能勉强答完高考数学题，但是有 1/3 的错误，也就是一位高考数学能考 100 分（满分 150 分）的同学为例进行比较，那么考上清华的同学的"得分速度"就是这位考生的一倍多。

这位考上清华的同学就是因为在数学考试上有超高的"得分速度"，所以在身体状态不好、"得分速度"下降的情况下，还能在考试规定的时间内拿到高分。

但是，对于这位同学来说，他在英语考试上的"得分速度"就明显要比他在数学考试上差。高考中英语考试的时长也是 2 小时，他平时基本上勉强能完成所有试题，甚至有时候还不能做完。不过，高考时他调整好自己的状态，集中所有的精力，提前 10 分钟完成答题，并在剩余的 10 分钟内检查出了两个错误。其实，这就说明他在高考英语考试中的"得分速度"是比平时高的。所以，他拿到了更好的成绩。

我们再回到本章开头给出的那道高考地理题。甲、乙两位同学对知识的掌握及输出能力都不错，都最终写出了满分答案。但是，甲同学对这道题只用时 3 分钟，而乙同学则花了 8 分钟。虽然两位同学在这道题上都拿到了满分 8 分，但是从整场考试来看，乙同学在这道题上其实是输给了甲同学的。因为高考文综考试时长一共是 150 分钟，多出来的 5 分钟就需要从其他考题的用时上挤出来，那么乙同学做其他考题的时间就会变短。如果这两位同学都是差不多刚好在规定的时间内完成所有考题，乙同学想要这科考试的最终成绩不输甲同学，那么他就需要在其他考题上不仅得分不比甲同学低，而且做题速度还要比甲同学快才行。但如果乙同学在每道题上答题速度都比甲同学慢一点，那么即使这张考卷上的每道题他都会做，但没有办法，他还是拿不到满分。因为当考试结束时，他可能还剩余 30 分的考题没有解答，即使这些考题都是他会解答的。

说到这里，我相信大家肯定已经明白了，考试本质上是在竞争"得分速度"。既然"得分速度"是高考本质的竞争，它如此重要，那应该怎么提高呢？我们接着往下看。

考试的"得分速度"如何提高

如何提高"得分速度"？其实有很多方法，也和很多因素有关系，但总结起来就是一句话：想尽一切办法提高熟练度。

为什么这样说呢？其实道理非常简单，就是熟能生巧。你对考题越熟悉，对考试要求的技艺、能力练习得越到位，自然就能在保证准确率不受影响的情况下速度也越快。

所以，提高"得分速度"，本质上就是提高对考试的熟练度。具体应该怎么做呢？

第一，"得分速度"只是最终表现，请在前两层竞争上使劲。

其实，"得分速度"或熟练度是考生考试能力的一个最终体现，要想真正提高它，其实应该在考试的前两层竞争上下功夫，就是要在"知识掌握"及"输出能力"上使劲。

例如，你要参加某一个考试，你也确实做到了对考试要求掌握的知识都完全理解。不过，因为你准备的时间比较短，虽然理解了这些知识，但你不是太熟悉，还不能做到在答题时想要用哪个知识就马上想到并合理运用。你可能需要思考很久才能明白过来，某道题其实是要用某一个知识，某一个知识的具体内容是什么。毫无疑问，这样肯定会影响你的答题速度，自然也就影响你考试的"得分速度"。

对于"输出能力"，也是同样的道理。如果你对考试不同题型的答案结构、关键步骤、得分关键点及学科专业术语等都了如指掌，那么你写起答案来自然就又快又好。但是，如果你只知道答案的意思，而对怎么精准且高分地表达出来有困难，也就是你的输出能力还不够，那也会影响你的"得分速度"。要么你的最终答案写得不错，但是你花的时间太长；要么你花的时间不多，但是答题存在好多缺陷，分数上不去。这都在影响你的"得分速度"。

所以，大家要想提高自己的"得分速度"，应该先把前两层竞争做到位。具体怎么做，前文都有详细的讲解。

第二，刻意练习，限时训练很有效。

提到"得分速度"，除了从根本上提升之外，还有一个非常好的刻意练习的方法，就是限时训练。具体而言，有两种方式，一种是专题限时训练，另一种是套卷限时训练。

（1）专题限时训练

专题限时训练很简单，就是考生自己对考试中的某一种题型或某一个板块的题目确定好时间，然后进行训练。在刚开始时，你可能做不到按时完成且准确率高，那就需要你每次做完限时训练后总结复盘，以便发现自己的问题并不断优化，最终让自己具备在规定的时间内完成的能力。

以大家基本都参加过的英语考试为例，你就可以对阅读理解、完形填空、作文等题型分专题进行限时训练。例如，阅读理解一篇文章，你就要求自已必须在 5 分钟内完成；或者一次考试的 4 篇阅读理解，要求自己必须在 25 分钟内完成。就是在这样的限时训练中不断找到自己的问题，再逐一分析解决和提高，那么你的答题速度，也就是你的"得分速度"自然会上去。

（2）套卷限时训练

套卷限时训练就是考生按照考试要求的时间完成一套一套试卷的训练，最终确保自己能在考试规定的时间内又快又好地完成整套试卷。

对于限时训练，我特别提醒大家一点，就是大家要尽量在"知识掌握"和"输出能力"都已经不错的基础上进行限时训练。限时训练的核心目的是提高速度，不是提高准确度，也就是尽量在保证准确度的基础上提高速度。如果你的前两项存在问题，那么你不仅速度上不去，准确度也不行。准确度不行，熟练度也不行，盲目提高速度是不可能成功的。

✒️本章学习笔记

第 4 章

极简考试法：
简单三步，考试稳拿高分

———————○

　　本书第 1 章到第 3 章逐一拆解了考试中的三个关键角色：出题人、阅卷人及考生。我相信大家已经对考试的底层逻辑产生了认知，对如何备考、如何考出高分有了更本质的理解，也学到了很多方法。

　　那么，到底怎样才能在考试中拿下高分呢？本章将完全从科学备考的角度、从考试的本质给大家一套"极简考试法"，只要按照弄清规则、搞懂知识、拿下考题这三步执行，你在任何考试中都一定能拿下高分。

　　阅读本章时，你可能会有一定的熟悉感，甚至会感觉有一些内容和前面 3 章的讲述重复。因为都是讲考试，前面3章拆解考试的三个角色时肯定也会讲如何考试拿高分。不过，前面3章都是从拆解考试的角度讲述，而不是从备考的角度。本章就是完全从备考的角度，将散落在前面各章的、涉及如何考试的内容串联起来，形成有机体，进行体系化的讲述，为大家提供最终的行动指南。

因此，大家阅读本章时要把握两个要点：第一，要时刻把握其体系性，也就是"极简考试法"的三步骤，自己要有整体的认知；第二，可以结合前文对考试中三个角色的拆解来看，这样会让你对每一步中具体的备考方法有更深刻的理解。当你真正明白为什么要这样做时，自然就能真正学会这些方法并有效地使用。

现在就让我们正式进入这一章吧。本章将通过三大部分，分别对"极简考试法"的三步进行详细讲解。

弄清规则：
吃透考纲和真题，弄清怎么考与怎么评分

　　"极简考试法"的第一步就是弄清规则。原因很简单，我们要想考高分，一定是先弄清楚考试规则，这样备考的一切动作才能有的放矢。而且，这样针对考试的一切努力就都会带来最终分数的提高。

　　全红婵第一次参加奥运会就拿到了冠军。毫无疑问，她拥有极强的跳水天赋。但与此同时，她肯定也是针对奥运会比赛的要求进行了精准的备战。

奥运会跳水比赛有其专门的规则。例如,有哪些规定动作,有哪些自选动作,不同自选动作的难度系数和打分规则都是什么,其实都有明确的规定。全红婵的教练一定是针对这些规则进行了非常精准的训练备战,才能保证全红婵在最终比赛时的好成绩。你想,如果参赛选手对比赛规则不清楚,自选动作有漏掉,或者花大量时间精力训练了一套超高难度的动作,结果比赛组委会不认可,这些都不可能有好结果。

在考试前,弄清规则肯定是必须且重要的。但具体而言,考生是要弄清楚哪些规则呢?

其实,答案很简单,核心就是抓一头一尾。一头,就是吃透考纲,要弄清楚考纲规定的考什么、怎么考;一尾,就是分析真题,弄清楚最终考了哪些题,以及怎么评分。

抓住一头：吃透考纲，弄清楚考什么、怎么考

考生要弄清楚考试规则，首先要抓住一头，就是弄清楚考纲规定的考什么、怎么考。

通过阅读本书，你肯定已经知道只要是标准性考试，都会有清晰的考纲或者和考纲的作用类似的官方文件。那么，如何才能吃透考纲，把握考试要求呢？

一般来说，大型标准性考试的考纲，其实内容非常多（例如，直接指导中考的考纲就是教育部发布的每个学科的新课标，每一个科目的考纲文件都是厚厚一本），如果全部一字一句地看完，对于考生来说或许不太实际。而且，考纲并不只服务考生，还会服务与考试有关的工作人员，如教师、出题人

等，所以其中很多内容是非常专业的。对于考生来说，要做到完全理解，可能也会有一些难度。

那么，如果不能做到完全一字一句地分析考纲，而考生依然要吃透考纲，核心是要看里面的什么呢？其实，把握以下三点，就基本把握了考纲的核心。

第一，注意考试的整体要求。

任何考试的考纲都会先说清考试的整体要求，通常比较宏观，不是讲述具体考点的考核要求。

例如，新课标特别强调要注重考核"学生用知识解决实际问题的能力"。这就是一个整体上的要求，也是一个新的风向。如果考生分析考纲时忽略这一句看似空话的表述，而直接看具体考点的考核要求，那就如同盲人摸象，陷入细节中，把握不住全局。这就是捡了芝麻，丢了西瓜。

所以，考生在分析考纲时，一定要特别着重地看考纲前面部分的整体考核要求。记住！这就是整体要求，从最高的维度告诉考生考试会怎么考。考生在分析考纲时，要时刻把整体考核要求牢记在心，这是总的指导思想。有了这个意识，考生在分析考纲后面部分具体考点的考核要求时就能确保精准把握。

第二，逐个分析具体考点。

考生对考试要求有了整体把握，就可以分析具体考点的考核要求了。这部分没有特别难的，大家就是一定要看清楚两点。

（1）要看清楚考试的考点有哪些

考生在看考点时必须做到不能有任何遗漏，当然也无须人为地增加。也就是说，考生一定要弄清楚考点的范围，不用想多，也不用想少，是什么就是什么。一般来说，对于标准性的大型考试，考纲严格限定了考察的范围，而考试的出题也会严格地按照这个范围执行。除了极少数压轴题之类的考题，一般不会超过这个范围。

（2）要逐个分析考点的考核程度

考纲中一般都会非常清楚地写出考核的程度，是记忆、理解，还是运用或综合运用。这个考核程度是很多考生在分析考纲时容易忽略的，大家要看仔细了，因为这样才能让你在备考时做到精准。不然超过了考核的要求，那就会做很多无用功。而如果没有达到考核的要求，那么大概率会面临考试时丢分。

第三，注意考纲中的新变化。

很多标准性考试的考纲都会随着具体的考试进行更新。一般情况下，更新的考纲都会在考试前一段时间公布。

通常来说，更新的考纲不会出现太大的变化，可能中间绝大部分内容都是没有变化的。然而，考生不要因为考纲更新得少，就对最新的考纲不在意，这是绝对不行的。考生必须特别注意找到公布的新考纲中和以前考纲要求不一样的地方。例如，某个考点的增加或删除、考核程度变化，甚至考核方向的变化，考生都需要特别注意，因为这些变化的地方会直接指导考生的备考。这些考纲中更新的地方很容易在最新考试的考题中体现出来，所以考生必须重点关注。

说了这么多，大家可能会觉得：吃透考纲要分析这么多内容，我自己分析可能把握不住。如果真的是这样，你也不用太担心。因为一般对于大型的标准性考试，你的老师都会做好深入的研究。而且，现在各种考试服务及传媒都极度发达，会有很多专业人士分析、讲解考纲，直接给出备考的指导和建议，你根据这些分析来备考也是可以的。

例如，一年一度的考研，每当政治考试的新考纲出来后，就会有很多考研名师做具体分析，你看看他们的分析也是可以的。或者，你可以先看他们的分析，然后自己看考纲，就会更简单、轻松。

总之，不管你用什么方法吃透考纲，靠自己或者靠别人，你都要做这个工作。备考时一定不能直接忽略考纲，那就是漫无目的地漂流了，效率与效果可想而知。

守住一尾：分析真题，弄清楚考哪些题、怎么评分

分析考纲时"抓住一头"，这是从前置规定的角度把握考试规则。但规则毕竟是规则，考生的理解可能会产生偏差，同样的规则可能也会有不同的考题呈现。所以，考生在"抓住一头"之后，接下来就要"守住一尾"，即看最终的考题到底是哪些，又是怎么评分的。毕竟考试是最终检测考生的一道道考题，所以考生必须把握住这一点。

那么，具体怎样做呢？核心就是通过分析真题，

把握住最终考试到底考了哪些题目，有哪些出题规律，而对于不同题目的具体评分标准又是什么。

把握考题类型

分析真题时要做的第一件事很简单，就是把握考试的题型，即通过真题来看最终的考试到底考哪些题型。在具体分析考题类型时，考生需要着重注意两点。

第一，把握考卷的全貌，注意题型结构。

在分析真题时，考生首先应该从全局出发，看正常考卷都有哪些题型，开始是什么，后面是什么，不同题型的分值占比又是多少。这样考生就能对整张考卷有全局和结构上的认知。例如，研究生考试中政治科目的题型就是前面 50 分的客观选择题，包括单选和多选；后面 50 分的主观题，包括 5 道大题，每题 10 分。这样考生对整张考卷就有了全局上的把握。

第二，逐一分析各题型，把握考核要点。

除了全局和结构上的把握，接下来考生就需要对每种题型逐一进行分析了，核心是把握住考试的要求。尤其是对分值占比高的题型，考生一定要特别重视。

例如，法律资格考试最先考的客观题部分全部是选择题，那么考生就会非常清楚，自己最终要考的是选择题，只需要能选出正确答案就行。所以，对于这类型的题目，考生在备考时除了对知识的掌握，可能就需要做很多专门的限时训练。多做题，提高准确率，保证自己做题的手感，就会非常重要。

剖析出题规律

分析真题时还有一个重要问题需要注意，就是分析出题规律。其实，很多标准性考试除了试题结构一致之外，甚至每一道题考核的内容都很一致，会有非常明确的出题规律。

例如，每年的考研中，政治考试的第一道大题基本是考核哲学的内容，这么多年都没有什么变化；高考中数学考试的第一道大题，基本是考核数列的问题。

如果考生能从真题中总结出一些规律，那么对于自己的备考就会有非常强的针对性。不过，考生自己很有可能总结不出来这种规律，但是没有关系。因为有很多高手会总结出题规律，并且发布在网上，或者有专门的辅导班。

当然，出题规律不一定完全准确，因为每一次考试可能在出题上有意外，不可能那么容易让大家摸到规律，预测出考题。所以，考生不能完全迷恋总结出题规律，还是要先扎实掌握知识，真正把自己的能力提上去，这是第一位的。

弄清评分标准

很多标准性考试都会公布标准答案，随着标准答案还会给出具体的评分标准。例如，对于某一道 15 分的大题，评分标准就会按照步骤或答题内容要点分解这 15 分，考生就能清晰地看到哪些步骤和得分点，分别是多少分。如果考生弄清楚了这些评分标准，那么毫无疑问就会让自己在考试答题时有清晰的指导。

当然，有一些主观题没有标准答案，如作文、论述题等。这些题目一般都会给出具体的评分标准，考生一定要认真分析，就能做到答题时有的放矢，高效得分。例如，考试中的作文题也会有对外公布的评分标准，考生能清楚地看到什么样的作文、达到了哪些要求、能分别得到多少分。清楚了这些评分标准，考生在备考时很自然就能做出针对性训练，并且高效得分。

搞懂知识：

颗粒归仓，掌握所有知识

在第 1 章中，我们知道了每一道出现在考试中的考题都一定在考察某个或某几个知识点，考生要能解答考题，自然需要掌握这些知识，这是基础。在第 3 章中，我们也知道了考试的第一层竞争就是对"知识掌握"的竞争，如果考生要赢得竞争，自然也需要把知识掌握到位。

因此，考生要想在考试中取得好成绩，自然需要在备考时对考试要求掌握的知识全部做到真正掌握。所以，这部分就专门讲述如何做到真正全部掌握考试要求掌握的知识，而且非常方便考试时使用。

构建框架，体系化认知

掌握考试要求掌握的所有知识，对于很多考生来说，就是打开备考的教材书本，直接学习考试要求掌握的具体知识。其实，这样做是不对的。在这之前，非常重要的一步就是先对需要掌握的知识进行整体上的认知以了解全貌，而不是直接开始逐一学习每个具体的知识。

例如，你现在要开始高考物理科目的备考，那么你要做的第一件事就是打开考纲，或者通过其他方式了解高考物理要考哪些板块的知识。于是，你了解到高考物理主要考察力学、运动学、电学、电磁学四大板块的知识，就对高考物理考察的知识有了整体上的认知。

接着，你可以进入下一个层级的学习，也就是对每个板块的知识进行学习。对于每个板块的学习，其实你也不是直接学习具体的知识，而是先了解这个板块知识的全貌和体系。例如，对于力学部分，你就需要先了解力学由哪几个核心的知识板块构成，或者整个体系结构是什么。这样你就能对力学形成整体的体系化了解，而不是陷入对某一个具体力学知识的学习。

说到这里，可能很多读者朋友就会问：自己在刚开始备考时，对考试要求掌握的知识基本是生疏的，也就是没有任何基础，那么这样如何做到先从整体上认知呢？

方法非常简单。对于整个考试，那就是直接看整体的考试要求，如考纲或者考试说明里就有清晰的说明。而对于某一个具体的科目或者某一个具体的知识板块，考纲里也会写得非常清楚。如果大家对考纲比较陌生，那也一定会有备考的教材，比如课本，翻到目录部分，就是整体的框架体系结构。所以，方法真的非常简单，只是你一定不要忘记这一步。

逐一吃透，颗粒归仓

当你对要考察的知识形成了框架体系上的认知后，接下来你就要开始每一个具体知识的学习了。你要做的就是逐一学习，把每一个知识都吃透、学懂。

关于如何学习，第 3 章中有专门的讲解，这里就不再赘述。大家如果觉得自己缺乏好的学习方法，或者觉得自己的学习能力一般，那么我建议大家参考我的另一本百万册销量的超级畅销书《极简学习法》。这是我在采访了上百位清华和北大"学霸"后总结出来的一套极简学习方法，仅需三步——精准输入、深度消化、多元输出，就能让你学懂、学透任何知识。

有了好的学习方法，在学习每一个知识时，我相信大家是事半功倍的。但对于一场考试来说，大家需要掌握的知识还是很多的。而且，有一些知识也是比较难的，大家确实难以做到一下子全部掌握所有知识，总是会有一些遗漏和缺失。所以，在这个步骤，大家就需要做到一件事，那就是查漏补缺，最终对所有知识做到全部吃透，颗粒归仓。

那么，怎样实现呢？方法非常简单，就是清单检测和考后检测。

（1）清单检测

清单检测就是按照知识清单逐个检测，确保自己对每个知识都掌握了。有两个非常好用的清单供大家使用。第一个是教材或者备考书本的目录。你打开目录，不看书里的具体内容，对着目录回想每一项具体的知识，遇到不会的就标记出来，然后一个个地掌握。第二个就是考纲中的考察知识点清单，运用方法与第一个相同，也是对着一个个知识点回想具体的内容，遇到不会的就标记出来，然后一个个地掌握。

（2）考试检测

我们在备考的过程中也会经常有考试和习题练习，在每次考试后都应该根据最终考试的情况分析自己还有哪些地方存在问题。这些暴露出来的问题就是我们知识或者能力存在漏洞的地方，需要我们逐一攻破。其实，这是一种非常客观的方法。毕竟清单检测还会存在一种自以为理解的情况，但考试检测就是实打实地检测了。

以上两种方法都是持续进行的，一定不是一蹴而就，尤其考试检测。所以，大家一定要不断检测，通过一次又一次的检测，让自己真正找出所有的知识漏洞，并且全部掌握。

总结入库，体系化存储

经过以上两步，我们已经在对知识形成整体框架认知的基础上掌握了所有的知识。接着，我们要进入下一个步骤——总结入库。

不管是读书，还是学习知识，都是一个先把书读厚、再把书读薄的过程。我们需要把知识都掰开了，揉碎了，一个一个地搞懂。当完成这一步后，我们需要再跳出来，回到整体。

这一次，我们需要把学懂的知识总结成体系框架，而且把不同的知识都放在对应的地方。其实，这一步有点像第一步体系化学习，不同之处在于这一次是我们自己将学懂的知识总结成体系，而不是直接学习了解整个体系。完成这个过程后，所有知识就结构清晰地、体系化地呈现出来，不再是一项一项地零散呈现了。

当然，这个过程会耗费我们一些时间，我们也需要把自己的总结与考纲或教材的框架及逐项知识进行对比，看是否做到了科学合理。完成这个呈现后，我们就需要对呈现出来的知识体系进行再学习、再熟悉、再理解，指导自己真正做到将知识体系化地存入自己的大脑中，不同的知识也都恰如其分地放到了它们应该处在的位置。

做完这些，就考试而言，我们对知识就掌握到位了。因为我们有了完整的体系，也对每一个知识有了清晰的理解，已经形成了一张有层级的知识网，所以我们在考试时遇到每一道题，只要分析出考察哪一个或哪几个知识点，就可以很轻松地调用自己的知识网，进而顺利解题了。

拿下考题：
阶梯提分，攻克各档考题

　　学懂了知识，那就要进入真刀真枪的实战环节，拿下一道道的考题。很多人对拿下考题并没有太专业的办法，可能只是单纯地知道"刷题"。其实，拿下考题是一个很专业的过程，需要进行专门的练习。按照以下三个步骤，我们就能用自己学会的知识，尽可能最大化地转变成考场上的分数。

　　第1章讲到了一张考卷需要体现区分度，起到选拔性的作用。具体的实现方法就是一张考卷会由不同难度的考题组成，通常是简单题、中档题、压轴题三类。不同的考试就是通过调整这三类考题的比例，实现选拔作用。所以，我们要拿下考卷上的考题，其实也很简单，就是针对这三类考题采取不一样的动作，分类拿下即可。

简单题：练准确度和熟练度

简单题正如其名，就是简单一些的考题。只要我们真正掌握了考试要求掌握的知识，就能成功解答这类考题。

所以，我们只要扎实做到了"知识掌握"，那就具备了解答简单题的能力。不过，我们只拥有这项能力是不够的，因为考试本质上是得分速度的竞争，我们要在规定的时间内解答完规定的考题，尽可能多地得分。因此，针对简单题，我们需要做的就是专门练习准确度和熟练度，最终又快又准地拿下考题。

（1）准确度

其实，准确度比较好训练，本质就是一个查漏补缺的过程，不能让自己出错，在简单题上必须做到百分百准确。一般情况下，如果答题出现错误，大概率都是知识没有真正被掌握。所以，如果在简单题上出现错误，那就先主动找知识层面的问题，把这些知识搞懂，重新正确答题即可。

（2）熟练度

熟练度要练的就是答题的速度。非常好的一种方法就是限时训练，即规定在多长的时间内解答完多少题目，并且不能出错。具体而言，我们可以按照考卷中的简单题部分进行专门的训练，也可以进行简单题的专题训练。不管采用哪种方法，本质的目的都是提高速度，尽可能缩短时间，为中档题和压轴题腾出时间。关于限时训练的具体方法，第 3 章有专门的讲述，这里就不再赘述。

中档题：集中炮火，专题攻破

如果说简单题训练的核心是提高速度，那么中档题训练的核心就是真正拿下考题。因为简单题是大家基本都能解答的，但是中档题通常会比简单题复杂，不是那么一目了然，也不是谁学懂了知识就能随便解答的。

那么，到底怎样拿下中档题呢？核心就是集中炮火，专题攻破。具体而言，就是要在一段时间内集中精力对某一类考题进行攻破。为什么要这样做呢？其实非常容易理解。

集中炮火就是学习强度要超过平常。因为我们平常的努力可能只够拿下简单题，现在拿下更难的中档题自然需要我们付出更多的努力。那么，一段时间的强攻就是提升学习强度，真正沉下心来，想尽一切办法，将身心与学习资源都投入到位，这是一个重要的基础。

有了这个身心更加投入的基础，然后就是专题攻破。因为考试的中档题一般都有一定的共性，要么是知识板块上的共性，要么是题型上的共性。

还是以高考物理考试为例，中档题就非常多，一般都是两个知识板块结合考察的综合题，比如力学和电磁学共同考察的考题，这些考题其实都是有一定共性的。力学和电磁学综合考察的考题，其结合方式通常是可以进行总结的，而解题思路也可以总结，都有一定的共性，这一类是知识板块上的共性。

此外，中档题还有一类就是某一类特定的题型。例如，文科考试中的论述题相比简单题，那就是更难一点的中档题。

对于一场考试而言，以上不同的中档题都是有共性的。所以，进行专题攻破就是一个很好的思路。具体的方法也很简单，就是找到这一类考题的具体共性，如常见的出题思路、常用的解题或答题方法，都可以进行总结。我们总结出这些思路和方法后，再用这些思路和方法答题，不断提高自己对这类考题的熟练度，直到自己对这类考题做到了如指掌，一看到这类考题就知道怎么做，那么我们就是攻克了这类考题。这个方法就叫作"专题刷题",更详细的讲解,读者可以参考我写的《极简学习法》的多元输出部分。

当然,对于一场考试,中档题一般不止一类,我们逐一进行"集中炮火,专题攻破"就可以了。我在这里特别提醒大家,一般不要在同一个时期进行两类及以上考题的专题攻破。因为这样就是在分散精力,不是真正的集中炮火,大家可能在心力上都难以支撑攻破某类中档题了。

压轴题:学会选择性放弃

一般来说,压轴题在考试中的占比是很少的。以高考为例,对于数学这样有难度的科目,压轴题的占比一般也就是 5% 左右,具体对应的考题也就是最后一题的最后一问。这类考题一般都是给要拿到最高分的考生准备的，也就是用来挑选最厉害的考生。对于高考，那就是给考清华、北大的考生准备的。

坦诚地说，如果你不是天才，想追求极致高分，那就无须关注这种考题。你最应该做的就是主动选择放弃。因为你为了这低于 5% 的分数需要付出大量的努力，而且不一定真能拿下。所以，解答压轴题的投入产出比是极低的，不值得大家投入。

我们应该把自己的精力投入所有的简单题和中档题上，确保在简单题和中档题上都尽量做到不丢分、少丢分。把这一点做到位，其实就足够了。因为有哪项考试如果得到了 95% 以上的分数，还不是绝对高分呢？

另外，还有很多科目是一起考试计算总分的，即使你在一个科目得到了95%以上的分数，也就是简单题和中档题都能够拿下，那你的其他科目呢？你能保证其他每个科目都得到95%以上的分数吗？我相信是难以做到的。所以，在这样的情况下，与其在某一个科目中只占5%的压轴题上努力，不如在其他弱势科目上努力。这样投入产出比更高，更能让自己最终考试的得分总数最大化。

✐本章学习笔记

第 5 章

突击考试，
拿下高分也有可能

不是面对所有的考试，你都能做好充分的准备。有时候，你不得不在很短的时间内拿下一场考试。不过，你也不用慌，因为只要方法对，突击考试也能取得好成绩。那么，具体怎样实现呢？

借助外力：
拒绝孤军奋战，找"高人"带你

突击考试，意味着你备考的时间比别人更短，如果全靠自己摸索，可能还没有摸索明白，考试的时间就已经到了。那么，怎样做到用比别人更少的时间，完成同样的备考任务呢？其实，方法非常简单，就是不要孤军奋战，必须借助外力，找"高人"带你走一条最短的路径，坚决不走任何一点点冤枉路。

通常情况下，有以下三种"高人"可以帮助你。

最成功的过来人

截至 2024 年上半年，我专门做清华、北大"学霸"研究已经 5 年多，追踪采访了 100 多位清华、北大"学霸"。在高考方面，他们都是"最成功的过来人"。毫无疑问，在这个过程中，我认真总结了这些清华、北大"学霸"的学习方法。我也把这些方法写成了书，做成了课程。因此，我经常会收到读者和用户的反馈，表示成绩提高了多少、名次进步了多少，等等。

看到大家的成绩提高了，我非常高兴，不过也说不上惊喜。因为这些清华、北大"学霸"的学习方法就是非常好，大家的成绩得到提高自然也在预期之内。但在 2023 年高考时，一切发生了改变。在高考前一个月，我指导了两位当年要参加高考的学生。他们最终的高考成绩大大超出了我的预期，提分速度真的太快了。

　　第一位来自湖南，是文科的美术艺考生。当时，他的平时成绩是四百零几分。那天和他约的电话沟通时间是他下晚自习后。我根据他的成绩，向他讲了高考前最后一个月的四个星期时间该怎样安排，具体要做哪些事情。向他说完计划后，我告诉他：你加把劲，按照我和你说的做，顺利的话，你的高考成绩最终能达到 460 多分，也就是提高 60 分。为什么是提高 60 分呢？因为按照我以前的认知，我觉得高考前最后一个月提高 60 分基本是提分的极限了，而我当时给他安排的计划也差不多就是提高 60 分。给他打完电话后，我们基本也没有联系。后来，高考成绩公布了，他居然考出了 490 多分，提高了 90 多分。他成绩最差的科目英语就从平时考试的 40 多分（约等于没有入门）提高到了高考的一百零几分，提高了约 60 分。而且，2023 年高考英语的难度相对较大，学生一般都比平时低 5 ~ 10 分。

第二位是北京一所重点中学的女学生，她平时考试的成绩是六百零几分。那天下午，我和一个北大的"学霸"给她做了 2 个小时的学习面诊，根据她的整体情况制定了具体的提分计划，并给出了每个科目的目标分数，算下来总分是 650 多分。结果，她高考得到的分数就是 650 多分，在北京市当年高考成绩中排 2200 多名。而且，每一科考试的成绩基本都达到了当时定下来的目标分数，几乎没有分差。

这两位学生的高考成绩都让我非常意外。第一位学生让我意外的是改变了我原本对高考前最后一个月提分极限的认知，从我原来认为的提分极限 60 分提高到了 90 多分，这是我绝对没有想到的。第二位学生的平时成绩 600 多分已经是高分段了，再往上提分的难度很大，而且投入产出应该是比较低的。但让人没有想到的是，她居然真的提高到了我们定下的目标分数。要知道，当时我们定下的每一科目标分数都是最理想的成绩，甚至我自己都觉得稍微有点过于理想了。但现实就是这样，真是理想全部变成了现实。还有一点让我惊讶的就是，当时我们定下的理想目标分数基本是根据高考试题的分布一分一分计算出来的，并且据此制定了最后一个月的提分计划，而一切都这样严丝合缝地做到了。当我知道这位学生的高考成绩时，我真的惊叹于清华、北大"学霸"的学习方法，以及对考试的精准把握，他们是真正可以控分的。

其实，对于第一位学生，我是有一点遗憾的。因为这位学生的基础不错，如果再多一个月的时间，他应该能够再提高 30 分，也就是能考上清华或北大。当时制定最后一个月的计划，其实是对最后的

30 分做了选择性放弃，因为真的没有时间了。

我为什么要给大家讲自己经历过的这两个提分案例呢？其实，我是想告诉大家，对于任何一场考试，"最成功的过来人"是绝对了如指掌的。如果你能有机会找到他们帮助你备考，哪怕再少的时间，他也能帮助你最终考出一个让你意想不到的好成绩。

所以，想要突击考试的朋友，马上找"最成功的过来人"吧！

专业带考人

专业带考人非常容易被找到，任何大型考试都会有各种带考名师，市面上也会有很多考试辅导班，尤其那种集训班就是你非常适合寻找的"高人"。

这种专业带考人或者带考机构天天研究某科考试，他们一般对这科考试的方方面面都已经总结得非常到位，有非常深厚的专业积累。当然，他们对备考也有自己非常完善且高效的体系，并且已经为你做好了非常适合你的各种备考学习资料及总结。所以，找到这些带考人或者机构，你就能节约大量的时间，直接按照一条高效的道路行进，自然就能很快出成绩。

不过，这种专业带考人或者机构，尤其是冲刺突击的，收费一般会比普通的备考、带考要高。大家一定不要觉得贵就不划算，你要想一下，人家帮你省掉的是时间，整体算下来还是划算的。

优质复习资料

我曾经采访过一位北大的女生——小文（化

名），她学的是金融专业，需要参加一个非常难的职业资格证考试。但是，当时她因为在实习，所以没有太多的时间准备。等到真正开始准备时，她只有两个星期的时间了。这个资格证的含金量非常高，而且考试难度也确实高。虽然她的专业知识掌握得不错，但是考试难度也不小，更何况时间那么紧。

当时，小文也不想花钱报辅导班，因为确实非常贵，对于还没有毕业的她来说是一笔很大的开支。于是，她就找到了一位高分通过这个考试的学长，本来想请这位学长帮忙做一些指导。但是比较遗憾，当时这位学长也没有时间，只能把自己以前备考时整理的所有笔记全部送给了小文。

小文拿到这位学长的笔记后，发现这位学长的笔记总结得太好了，就是一份超级精美的冲刺备考资料，里面全都是干货中的干货、精华中的精华。

结果，凭借学长的这份备考笔记，小文只闭关备考两周，就高分通过了考试。

所以，如果你找不到"最成功的过来人"，也因为某些原因没有办法参加专业的备考辅导班，那么你可以找到优质的复习资料。按照优质的复习资料进行备考，你能够节省大量的时间。这也是你能借助外力，找"高手"帮助你的一种方法。虽然这种方法的效果可能比前两种弱，但是肯定比你自己摸索要高效很多。

闭关学习：
排除一切干扰，来一小段疯狂

前文讲到了"集中炮火，专题攻破"对于拿下某些难点、真正实现突破的效果是非常好的。那么，要突击考试，其实更需要在短时间内完成高难度的任务，甚至是某种程度上的"看似不可能"，你就更需要"集中炮火，专题攻破"的方法了。只是普通的专题突破已经不够，要更猛烈一些，从物理和精神两方面双管齐下。

物理的闭关

前文提到北大女生小文拿到学长的笔记后就向自己的实习单位请了两周的假，开始闭关备考。闭关的前两天，她是在北大图书馆学习，吃住也都在学校。不过，她发现虽然北大图书馆的学习环境非常好，但是因为人在学校，而且晚上也要回到宿舍睡觉，她总是被学校的好多事情缠绕着，很影响学习。

小文发现这样肯定不行，本来时间就很紧张了。于是，她一咬牙、一跺脚，在北京近郊短租了一处房子。她带着复习资料和几身换洗的衣服，就来到了短租的房子。在这里，没有人打扰，也不用和同学共住一间宿舍。她把自己和外界完全隔绝开，就是物理上的闭关，让自己能全身心地投入备考中。

当时，小文告诉我，这种物理闭关的、没有人打扰的学习，效率真的非常高。她说自己都不敢相信只用两周的时间竟然完成了所有复习，因为一般的人通过这个考试都需要准备 2～3 个月的时间，而自己居然只用两周的时间就搞定了。

后来，小文也总结说：虽然自己只花两周的时间，看似很短，而别人要花 2～3 个月的时间，看似很长，但真实情况或许并非如此；因为自己的两周是时时刻刻都用在突击备考上，而别人的 2～3 个月是同时还做着其他事情，真正用在备考上的时间其实并没有那么多。这样算下来，大家用在备考上的总时间可能是差不多的。而且，如果是拉长战线的 2～3 个月，同时做其他事情，那么每次学习时可能要花一部分时间复习以前学过的内容。因为拉长战线，肯定会出现遗忘。很显然，如果是像小文一样集中时间学习，其间用于复习遗忘的内容的时间就会减少，单位时间的学习效率自然会提高很多。

而且，小文还说自己在复习时就有一种感觉，即"自己提升特别快"，很多自己原本担心的知识都轻松拿下了。这一点不用多讲了，就是"集中炮火，专题攻破"能产生的效果，实现质变，拿下高难度的考试。

精神的屏蔽

物理的闭关是形式上的，但是很多人会出现"人在曹营，心在汉"，或者不断内耗的情况。也就是说，虽然表面上在物理闭关学习，但实际上却总是被其他事情纠缠。毫无疑问，这样也是不行的，闭关学习除了物理上的封闭，还需要精神上的屏蔽。

小文在短租房中学习时，就是屏蔽了所有外界的影响。她把自己的手机调成了飞行模式，每天只是在固定的时间打开一下，看有没有特别重要的事情。而且，她都是在短租房小区门口的一家小店吃饭，每次都是那几个固定的菜。

　　小文说不想让任何其他事情消耗自己的精力，必须减少外界对自己的影响，就是在精神上屏蔽一切与备考无关的事情。其实，在开始备考一周后，小文得知妈妈身体上的老毛病又犯了，而且住进了医院。如果是平时，小文肯定会回家看妈妈，至少也会每天给家里打电话问妈妈的情况。但是，这次小文改变了做法。她专门给爸爸、妈妈打电话，一方面让妈妈不要着急，积极治疗就可以，毕竟是老毛病，不会有什么大问题；另一方面也嘱咐爸爸一定要照顾好妈妈，自己考试结束后会马上回家。妈妈很理解小文，也是让她安心备考，等考试结束后回来就可以了。

就这样，小文在备考期间没有受到妈妈生病住院的影响，而是全身心备考。当然，最后考试的结果也很好，妈妈也为小文高兴。

所以，当你突击考试时，除了物理上的闭关，尽量减少外界的干扰，还要做好精神上的屏蔽，主动屏蔽外界各种让自己分心的因素。你除了要有这样的意识，还要真正这样做。当你能够真正做到"物理＋精神"的闭关时，来一段时间的疯狂，你会发现突击考试是完全可以拿到好结果的。

精准得分：
找到能得分的事，干掉它

借助外力和闭关学习都是从外界保证突击备考的手段。那么，在具体备考时，怎样在短时间内拿到更高的分数，其实和有充足的时间备考还是不一样的。

在有充足的时间备考时，你可以每一步都做到位，尽量保证不丢分。这体现的更多是"不丢分"的思维和逻辑。但是，短时间地突击考试需要你换一个思路，按照"去得分"的思路执行。

这是什么意思呢？你不用关注大而全，对每一个细节都照顾到位，就是不丢分。你没有那么多时间，要找到哪些是自己能够短时间得到的分数，直接把这些能够得到的分数都得到，并根据得分的难易程度一层一层地"精准得分"，这是你要做的事。

前文讲到，一般的考题都是分层次的，不同的考题有不同的难度区分，在同一个考试科目里也有相对简单和相对较难的部分。很自然，简单题会比难题更容易得分，而简单的知识板块也比难的知识板块更容易得分。

所以，要突击考试，你需要先根据自己的情况找到哪里更容易得分，根据提分性价比确定得分的难度顺序。具体而言，你可以按照以下方式操作。

多科记总分的考试：先找容易得分的科目

很多考试是要考察多科目的，计算总分，最终比较的是总分。例如，中考、高考、考研究生都是这样的考试。对于这一类考试，你需要做的就是先找出最容易得分或者短期提分幅度最大的科目，集中精力解决。具体而言，有以下两种情况。

第一，偏科提分更快。

这一点很好理解，如果你的某个科目平时考试分数较低，那么提分幅度自然更大。相反，某些科目是你比较擅长的，你已经能考出一个还不错的分数，那么再提分其实是比较难的。从时间上看，在这些科目上提分的投入产出比更低。所以，我建议你可以先聚焦偏科。

第二，容易提分科目。

在多科目的考试中，不同科目的提分难易程度自然是不一样的。有些科目提分就是慢，需要更多的时间。而有些科目提分就是快。例如，我在百万册畅销书《极简学习法》的实战版《提分》一书中就专门分析过语文、数学、外语三科的提分速度。整体而言，英语的提分速度最快，因为内容最少，而且发生偏科时分数会很低，但是考高分时会接近满分；数学的提分速度虽然很快，但是难度会高一些，因为要学习的东西太多了，需要的时间也很多；语文的提分速度看似不快，但你明白了语文是分板块考试之后，其实提分很快，只是相对而言提分幅度不会那么大，因为语文的高分不会太高，而低分也不会太低。

所以，大家可以根据自己考试的科目情况，以及自身的各科表现进行分析，找到提分性价比最高的科目先下手。

单科考试：先找容易得分的板块

如果你要突击的是单科考试，或者多科目记总分的考试，具体到某一个科目的突击提分备考，应该怎么做呢？

其实，方法非常简单，还是看提分性价比。具体而言，方法和多科目突击备考是相似的，底层逻辑是一致的。

第一，先拿下容易得分的考题。

我讲过很多次，每一科考试中的考题会有难度上的区分，有一些是简单题，自然是更容易得分的。

那么，你应该先找到一科考试中容易得分的简单题，将其攻克下来，然后攻克难度稍高的中档题，最后才是压轴题。注意千万不要弄错顺序！

第二，拿下分值高的考题或板块。

在一科考试中，根据题型区分，有一些考题的分值比较少，而有一些考题的分值就比较高，那么原则上你应该先拿下分值高的考题。例如，高考中语文考试满分为 150 分，作文的分值就是 60 分，占比最高。毫无疑问，如果你突击备考语文，那么从作文下手自然会效果明显。再比如，英语考试中通常是阅读理解的分值较高，那么先攻克阅读理解也是不错的方法。

除了按照题型区分，你也可以按照知识占比来提分。在一科考试中，有一些知识板块的分值占比更高，而有一些知识板块的分值占比就是更少一些。那么，你先攻克分值占比高的板块，得分就更多。当然，知识板块上会涉及拿下这部分知识需要投入的时间的问题，你依然还是要对比提分性价比。你需要遵循的一个大原则，即首先解决分值高又简单的知识板块，然后解决分值高且不太难的知识板块，接着解决分值一般但难度小的知识板块，最后才是解决难度大且分值小的知识板块。

对于突击考试，大家按照以上方法执行，一定能取得不错的成绩。不过，我还是应该提醒大家，对于考试，最好要准备得更充分一些，不到万不得已，尽量不要这样突击考试。毕竟这还是有一定难度的事情，如果出现闪失，可能结果就不好了。

本章学习笔记